Liderazgo Cristiano

Lecciones de liderazgo basadas en la primera carta a Timoteo

José Reina

Copyright © 2011 - 2016 José Reina

Copyright © 2011 - 2016 Editorial Imagen.
Córdoba, Argentina

Editorialimagen.com
All rights reserved.

Todos los derechos reservados. Ninguna parte de este libro puede ser reproducida por cualquier medio (incluido electrónico, mecánico u otro, como ser fotocopia, grabación o cualquier sistema de almacenamiento o reproducción de información) sin el permiso escrito del autor, a excepción de porciones breves citadas con fines de revisión.

Todas las referencias bíblicas son de la versión Reina-Valera 1960, Copyright © 1960 by American Bible Society excepto donde se indica.

CATEGORÍA: Vida Cristiana/Estudio Bíblico

Impreso en los Estados Unidos de América

ISBN-13:
ISBN-10:

ÍNDICE

Introducción 1
   Semblanza de la vida y carácter de Timoteo................................3
   Generalidades 4
   Análisis de 1 Timoteo 6

1 Timoteo 1 9
   Las credenciales de Pablo – 1:1 y 2 9
   Lo que Dios y Cristo significan para el creyente 13
   La experiencia de Pablo..14

1 Timoteo 2 23
   El alcance de la oración - 2:1-4...23
   Cristo, el único mediador – 2:5 y 6 27
   Pablo, apóstol de los gentiles – 2:7 29
   El deseo más ardiente de Pablo – 2:8..29
   Deberes de los hombres y de las mujeres – 2:8-15....................32

1 Timoteo 3 37
   Pastores según el corazón de Dios – 3:1-7 37
   El liderazgo en la perspectiva de Pablo – 3:2-7 44
   1-Requisitos sociales 44
   2-Requisitos morales..47
   3-Requisitos mentales 51
   4-Requisitos de la personalidad 54
   5-Requisitos familiares...56

6-Requisitos de madurez 58

Los diáconos – 3: 8-13 60

El privilegio y la responsabilidad de la vida dentro de la iglesia – 3:14 y 15... 65

El misterio de la encarnación de Cristo – 3:16.................................... 66

1 Timoteo 4 71

El servicio y el engaño de los falsos maestros – 4:1-5 71

La mentalidad del hereje 75

Retrato de un joven que ama a Dios – 4:6-9 78

Acallando la crítica – 4:10-16 80

1 Timoteo 5 87

La difícil tarea de reprender – 5:1 y2.. 87

El deber de la iglesia con la familia – 5:3-8 87

Asumiendo la ancianidad con honor y servicio – 5:9 y 10 89

Las viudas jóvenes - 5:11-16... 91

Administrando la iglesia de manera practica – 5:17-22................... 93

Un consejo medicinal – 5:23 98

Para Dios no hay secretos – 5:24 y 25 99

1 Timoteo 6 101

Honrando al hermano que confía en nosotros - 6:1 y 2 101

Falsos maestros - 6:3 102

Características de un falso maestro - 6:4 y 5................................ 104

La alegría de una vida sencilla – 6:6-8 106

El peligro de las riquezas y el amor al dinero – 6:9 y 10................... 107

En medio de la batalla (Bosquejo) 6:11-16..................................... 109

El prestigio de las riquezas – 6:17-19 112

Acerca del autor 115

Recursos para tu edificación 117

Más libros de interés 121

Introducción

Esta carta, junto con 2 Timoteo y Tito pertenecen al grupo llamado "Epístolas Pastorales", por ser dirigidas no a una Iglesia en primer lugar, sino a Pastores, a quienes se les recuerdan sus deberes y manera de conducirse como siervos de Dios.

Entonces nos preguntamos, ¿quiénes eran esos pastores? Había centenares de ellos. En Hechos 20:17 se les llama *"ancianos."* En esta epístola se les llama *"obispos."*

En los tiempos modernos han llegado a representar, estos nombres, diferentes oficios y según como esté organizado el gobierno de cada iglesia, según su denominación.

En los días del Nuevo Testamento eran solamente diferentes nombres del mismo oficio que correspondían a lo que hoy nosotros llamamos: pastores.

La obra de Timoteo se desarrollaba entre estos pastores o

dirigentes de congregaciones. No había seminarios o institutos bíblicos que proveyeran al apóstol Pablo de pastores entrenados. Así que tenía que trabajar duramente para hacer pastores de sus convertidos, hombres rescatados de las tinieblas, que venían de los rangos comunes de la vida.

Tenía que trabajar con lo que tenía a mano y hacer lo mejor que podía. Sin seminarios, sin edificios para iglesias y posteriormente con una cruel persecución es llamativo, sin embargo, que la iglesia progresó y se multiplicó más rápidamente que en cualquier otro momento de la historia.

Te preguntas ¿por qué? Una de las causas es que tuvo la Iglesia que concentrarse en lo esencial (la predicación del mensaje) y no perder tiempo en lo superficial (reuniones, juntas, asambleas, planes, planes y más planes que nunca se concretan, actas administrativas, etc.)

Fecha: Se cree que fue escrita entre los dos encarcelamientos de Pablo, del 64 al 67 DC aunque no poseemos una fecha determinada. Por lo que podemos apreciar en el capítulo 28 de Hechos, probablemente, las epístolas pastorales fueron escritas después del primer cautiverio de Pablo.

Lugar: Éfeso. Era el lugar donde Pablo había hecho su obra más grande, cerca del 54-57 DC (Hechos 19). Unos cuatro años después de haberse ido de Éfeso, desde su prisión en Roma, escribió la epístola a la Efesios, cerca del 62 DC. Ahora, un poco más tarde, cerca del 65 DC, dirige a Timoteo esta epístola acerca de la obra en Éfeso.

Su destinatario: Timoteo. Vemos a Timoteo mencionado con anterioridad en Filipenses 2:19-23, es ahora obispo de Éfeso, o por lo menos Pablo lo dejó allí confiriéndole ciertos poderes, y siente la necesidad de animarlo y le amplía de una manera clara, la importancia de su cargo.

Fin de la carta: El fin de la carta es doble:

- 1) Recordar y completar las instrucciones dadas anteriormente a Timoteo.

- 2) Hacer tomar conciencia a la Iglesia, que también leería la carta, su deber de obedecer a Timoteo quien no actuaba por su propia voluntad, sino bajo la autoridad apostólica.

Semblanza de la vida y carácter de Timoteo

Era nativo de Listra, (Hechos 16:1), de madre judía y de padre griego. Su madre se llamaba Eunice y su abuela Loida. (2 Timoteo 1:5) Fue evangelizado por Pablo (1 Timoteo 1:2). Se unió a Pablo en su segundo viaje misionero, (Hechos 16:3), alrededor del año 51 DC. Recibió el llamado de parte de Dios (1 Timoteo 1: 18). Fue apartado para la obra por Pablo y los ancianos (1 Timoteo 4:14; 2 Timoteo 1:6).

Acompañó a Pablo hasta Troas, Filipos, Tesalónica y Berea. Quedó en Berea hasta que Pablo lo mandó a llamar desde Atenas (Hechos 17:14,15). Pablo lo envió nuevamente a Tesalónica (1 Tesalonicenses 3:1, 2). Cuando volvió, ya Pablo se había ido a Corinto (Hechos 18:5; 1 Tesalonicenses 3:6) Colaboró en la escritura de las epístolas a Tesalónica (1 Tesalonicenses 1:1; 2 Tesalonicenses 1:1).

Posteriormente Pablo lo envió de Éfeso a Corinto (1 Corintios 4:17). Pablo se le unió en Macedonia y tuvo parte en la escritura de 2 Corintios (Hechos 19:22; 2 Corintios 1:1). Si le acompañó en todo el camino a Jerusalén no se nos dice, pero después aparece con Pablo en Roma (Filipenses 1:1; 2:19-22;

Colosenses 1:1). Más tarde se lo encuentra en Éfeso, a donde Pablo le dirige esta epístola.

También se le urge que vaya a Roma (2 Timoteo 4:9). No sabemos si alcanzó a llegar a esa ciudad antes de la muerte de Pablo.

Hebreos 13:23, lo nombra como recién salido de la cárcel.

En cuanto a su personalidad, era de temperamento tímido y retraído, y no tan apto como Tito, para tratar con los perturbadores de las iglesias.

Físicamente, no gozaba de muy buena salud, 1 Tesalonicenses 5:23.

Junto con Lucas fueron los compañeros más constantes y fieles de Pablo, quien le amaba entrañablemente y se sentía solo sin él.

Dice la tradición que después de la muerte de Pablo su trabajo fue el cuidado de la Iglesia de Éfeso y que sufrió el martirio bajo el emperador Nerva o Domiciano. Por lo que se deduce que también fue colaborador del apóstol Juan.

Generalidades

Según se desprende del relato de Hechos Capitulo 19, parece que Pablo había logrado una gran multitud de convertidos.

Éfeso fue la ciudad donde Pablo quedó predicando y enseñando por el espacio de dos años. (19.10) ¿Se imaginan qué base apostólica tenía esa iglesia? Este capítulo solamente es necesario para ver el carácter y la persistencia de Pablo. Él estaba bien lleno del Espíritu Santo, al punto que a su llegada, pudo discernir que había algo que no funcionaba. Nota la pregunta: *"¿Recibisteis el Espíritu Santo cuando creísteis?"*

Versículo 3 - Cómo Pablo, podemos encontrar muchos cristianos pero, ¿conocen al Espíritu Santo? O son como los Efesios que respondieron: *"Ni siquiera hemos oído si hay Espíritu Santo"* (v. 2).

Qué importante es predicar un evangelio completo, no a medias. Si el evangelio se predica a medias, así serán los discípulos. De ahí para nosotros que queremos llegar a ser obreros de Cristo: la importancia del estudio serio y fíjate que digo estudio serio de la palabra de Dios.

¿Cómo era el evangelio que predicaba Pablo? Veamos que nos dice el mismo: *"Porque no me avergüenzo del evangelio, porque es poder de Dios para salvación a todo aquél que cree."* Romanos 1:16. Así que, predicando este evangelio, Pablo convirtió a un grupo de hombres confundidos en discípulos. De allí en adelante la iglesia comenzó a crecer.

¿Qué hizo la diferencia? Desde el mismo momento que conocieron al Espíritu Santo - esa es la gran diferencia para cualquier persona y para cualquier iglesia.

Ahora bien, si avanzamos en los siguientes cincuenta años, los cristianos de Asia Menor eran tan numerosos que los templos paganos quedaban casi desiertos.

Dentro de la generación apostólica Éfeso llegó a ser el centro tanto numérico como geográfico del cristianismo y la región en donde más pronto había conquistado sus laureles.

¿Cuál era, entonces, la condición de las iglesias? Ya dijimos que no había edificios para las iglesias. No se comenzaron a construir edificios para el culto cristiano sino hasta 200 años después de los días de Pablo y recién se generalizó su uso luego que Constantino, (emperador de Roma), pusiera fin a la persecución de los cristianos.

Vemos entonces, que las veintenas de miles de cristianos en Éfeso y sus alrededores se reunían, no en una sola gran congregación, ni en pocas, sino en centenares de grupos pequeños, en diferentes hogares y como congregación bajo su propia dirección pastoral.

Y esto es, precisamente, como veremos ahora al analizar la carta, lo que hacía ardua y agotadora la tarea de Timoteo; al punto que se desanimaba hasta querer deprimirse. Pero tenía un buen maestro, era su pastor, pero también su amigo. Habían compartido muchos años de labor - la suficiente para que Pablo conociera a Timoteo y supiera tanto sus virtudes como sus defectos, llevándole a superar estas últimas, cómo el albañil usa la regla para mirar constantemente y cuidar que su trabajo sea perfecto. Pablo sabía y se ocupaba de Timoteo con todo su amor.

De todas maneras, Pablo había fundado esta iglesia teniendo a Cristo como el único fundamento, el único cimiento sobre el cual puede edificarse una vida con certeza de alcanzar el éxito. De la misma manera Timoteo veía a Cristo en la vida de Pablo y continuaba trabajando.

Análisis de 1 Timoteo

¿Cuál es el texto clave de la carta? 1 Timoteo 3:15

La casa de Dios. Efesios 5:21,22. La casa del Dios viviente, sólo puede edificarse con "piedras vivientes" 1 Pedro 2:5.

¿Cuál es nuestro deber? La vida debe ser mantenida, y la llama constantemente avivada.

Qué responsabilidad para la iglesia (y por lo tanto ¡para cada uno de sus miembros!) que es la de ser "columna y baluarte (apoyo) de la verdad".

Si hay algo que no debemos olvidar es que *"la santidad conviene a esta casa"* Salmo 93:5.

1 Timoteo 1

Las credenciales de Pablo – 1:1 y 2

a) *"Apóstol"* - Así comienza presentándose Pablo. No es para Timoteo, que recuerda lo que él es y por qué lo es, sino para la iglesia de Éfeso, que se acuerde de su fundador y que considere a Timoteo como su hijo. (Hechos 19: 20:17-38)

b) Por mandato de Dios y del Señor Jesucristo - La autoridad apostólica de Pablo se basa en la divinidad del Padre y el mandato de Jesucristo. También como lo expone en Gálatas 1:1 *"...no de hombres ni por hombres, sino por Jesucristo y por Dios el Padre."* En otras palabras, dice Pablo, mi vida no está comprometida con ninguna filosofía humana, *"no es de hombres"*, ni tampoco sirvo, o soy enviado por alguna personalidad que este mundo considere importante. No, no. Mi mensaje y mi comisión es mucho más trascendente. Tiene que ver con una experiencia celestial. El mismo Dios a través de Cristo, me ha hablado. A partir de ese día nunca más he sido el mismo, ya no soy Saulo, ahora soy Pablo el apóstol. Saulo era enemigo de Cristo, Pablo es seguidor de Jesucristo. Pero, que quede bien claro: *"por mandato de Dios"*.

Y por el hecho de aclararnos de que el mandato, es tanto de parte de Dios como de Jesucristo, el apóstol pone en un mismo pie de igualdad los nombres del Padre y de Cristo. Como también lo hace en el v. 2. De esta manera no deja duda alguna acerca de la divinidad de Cristo - tema siempre puesto en tela de juicio, tanto por los contemporáneos de Pablo, con sus herejías gnósticas, como en la actualidad; hoy vestido de otro ropaje, llámese humanismo, nueva era, pensamiento positivo y más doctrinalmente hablando, Testigos de Jehová, Mormones y otras herejías que abundan en nuestro medio.

Así que, resumiendo, Pablo nos dice:

- 1- mi mensaje es celestial
- 2- el mandato es divino.

Estas deben ser las credenciales de todo cristiano que se llame discípulo, obrero, diácono, anciano o pastor. Debe haber un claro llamado de Dios. Su vida tiene que estar claramente marcada por un antes y un después. Antes del llamado, y después del llamado. En otras palabras, el llamado de Dios marca a fuego el corazón de un cristiano.

El problema de hoy es que muchos quieren 'servir' al Señor y no saben explicar claramente el por qué. Pablo no tenía ese problema: él sabía cuándo había muerto y dónde había dejado su 'yo'. ¿Dónde? A los pies de la cruz.

Fíjate lo que él les dice a los Gálatas en 6:14: *"Pero lejos esté de mí gloriarme, sino en la cruz de nuestro Señor Jesucristo por quien el mundo me es crucificado a mí y yo al mundo."*

"De aquí en adelante nadie me causa molestias; porque yo traigo en mi cuerpo las marcas del Señor Jesús." (Gálatas 6:17)

¿Qué crees que hayan sido las marcas en el cuerpo de Pablo? El mismo lo agrega en otro pasaje: 2 Corintios 11:23-33. (Por favor, deténgase y lea esta descripción de servicio.)

Si un hombre puede experimentar todo esto y a pesar de ello seguir adelante, es porque tiene en claro el principio rector que anima toda su existencia. ¿Cuál es ese principio? Pablo decía: *"mi gloria es la cruz de Cristo"*. Mi gloria es sufrir por Él al punto de entregar mi vida en sacrificio si fuera necesario.

Por supuesto que esto choca con algunos 'siervos' de hoy en día, que parecen buscar más la gloria de su éxito personal que la gloria de Dios.

Es necesario que no nos dejemos engañar por las luces del éxito, y sepamos que nuestro lugar seguro se encuentra a los pies de la cruz. Allí solamente es revelada nuestra verdadera condición de pecadores y débiles seres humanos. Allí también nos es revelada la gloriosa solución para el perdón de nuestros pecados, y lo que es más, aprender cada día a morir a nosotros mismos para que viva Cristo en nosotros.

No busques grandezas, no busques cargos, no busques sobresalir, busca a Cristo. Él es mucho más que esas cosas. Si lo encuentras a Él lo tendrás todo. Te sentirás completo.

Pablo entendía bien esto cuando dijo a los Colosenses: *"Porque en Él habita corporalmente toda la plenitud de la deidad, y vosotros estáis completos en El, que es la cabeza de todo principado y potestad"*. 2:9.10

Las credenciales de Pablo incluían sufrimiento y entrega. ¿Te imaginas cuando Pablo iba con algunos hermanos a nadar al río? "Pablo, ¿qué son esas terribles marcas en tu espalda?" le preguntaría alguno. "Son los latigazos que me dieron los judíos por predicarles a Cristo...pero el Señor me dio fuerzas, como ves, aquí estoy, de pie" ¿Te imaginas cómo tenía el cuerpo Pablo? Marcas, golpes de piedras, hasta debe haber parecido más viejo por sufrimiento físico (incluido el hambre) y emocional al que fue sometido. Pero en el fondo sus ojos... ¡brillaban como una hoguera!

¿Se acuerdan?... *"antes aunque este nuestro hombre interior se va desgastando, el interior no obstante se renueva de día en día..."* así explicaba él la experiencia de vivir entregado a la causa de Cristo.

Lo que importa es el hombre interior, lo que llevas por dentro. Si tu hombre interior es fuerte, si estás unido en un solo espíritu con Cristo, cada prueba o cada dificultad solo será el camino a una nueva bendición. Nada detiene al cristiano que ha sido llamado por Dios. (Leer Romanos 8:31-39) Las marcas en su cuerpo eran una prueba clara del carácter de Pablo. Ellas eran el testimonio de que jamás retrocedió.

No sé si estarás pensando algo parecido, pero yo me pregunto: ¿cuánto amo yo a Jesús? ¿Sería capaz de amarle de esa manera? ¿Qué me impide amar a Jesús?

Oremos entonces: "Señor te necesito, ayúdame a entregarme más cada día, a buscarte con todo mi corazón, con verdadero ahínco y consagración; haz que la llama arda en mi corazón y que brille en mis ojos con tu amor...para que los que me rodean vean que Tú vives. Amén."

Lo que Dios y Cristo significan para el creyente

a) Versículos 1 y 2. *"Dios nuestro Salvador"* Pues nos ha salvado, v. 2:3 y 4. Tito 3:4.

Aquí vemos claramente que Pablo habla del Padre como Salvador. ¿Por qué? Si Jesús es el que murió en la cruz para salvarnos. En otra epístola Pablo deja ver como *"Dios estaba en Cristo".* Es decir, nuevamente deja en claro la divinidad de Jesús. El Padre es Dios. Jesús es Dios. Por eso es indistinto decir, Dios el Salvador o Jesús el Salvador.

b) *"Jesucristo nuestra esperanza"* pues sin Cristo el hombre no tiene esperanza. Efesios 2:12 Colosenses 1:27

La figura del Padre y del hijo están identificados plenamente la una con la otra; sin esperanza el hombre no tiene motivación para vivir. La única esperanza imperecedera tiene un nombre: Jesucristo. La única esperanza que levanta al caído está vestida de ropaje humano en forma de hombre: Jesucristo. Así, la fe en Jesucristo es nacer a la esperanza. La Biblia dice: *"los que miraron a Él fueron alumbrados."*

c) v. 3-11 Mantener la Sana Doctrina

v. 3 *"Que no enseñen diferente doctrina..."* La doctrina o enseñanza de Pablo era doctrina apostólica. Recibida de primera mano de Dios y avalada por los demás apóstoles. Al alejarse Pablo de la Iglesia habían aparecido "falsos maestros", es decir, sin autoridad apostólica. Por lo tanto, su enseñanza no tenía el respaldo divino.

v. 4 La edificación de Dios es por la fe. ¡Qué insensatez dar preferencia sobre el evangelio a fábulas y genealogías! ¡Es dar una piedra en lugar de pan o una serpiente en lugar de un pez, un escorpión en lugar de un huevo! No hay cosa más peligrosa para la iglesia que fomentar fábulas basadas en la ignorancia de la gente, y ayudadas por la religiosidad de la gente.

v. 5 El amor, un amor puro y santo, debe ser el fin de todas las exhortaciones cristianas, es el fruto que Dios desea recoger siempre.

Ahora pensemos, ¿se le puede llamar amor a lo que brota de una fuente impura? No es más que un egoísmo disfrazado, una falsificación del amor verdadero. Pero de un corazón puro, de una buena conciencia y de una fe sincera ha de brotar siempre, necesaria e infaliblemente el amor, amor desinteresado, reflejo del amor divino.

El verdadero amor está basado en la verdad y en una sana enseñanza, clara, bíblica y transformadora de las vidas que la reciben.

La experiencia de Pablo

a) Su llamado al ministerio cuando era un enérgico opositor del evangelio, versículos 12 y 13. *"Doy gracias al que me fortaleció"*. No hay límite para el amor de Dios. Aún la persona más apartada y enferma en el espíritu puede llegar a ser fortalecida cuando en el camino de su vida se encuentra con Jesús. Para Pablo fue en el camino de Damasco, aun cuando él iba maldiciendo y blasfemando contra Dios; sin embargo, Dios lo estaba amando.

Nunca debemos pensar que una persona ha llegado demasiado bajo como para que Dios pueda hacer un milagro en su vida.

Nota lo que dice Pablo: *"habiendo sido yo antes blasfemo, perseguidor e injuriador, mas fui recibido a misericordia"*. No es el estado del hombre lo que detiene a Dios, sino su corazón. Pablo probó la misericordia de Dios porque Dios miró su corazón y ¿qué vio Dios allí? Dos cosas que a veces nos detienen en la vida y que pueden llegar a paralizarnos: ignorancia e incredulidad.

En realidad podemos decir que la primera es la madre de la segunda. 'Mamá ignorancia' da a luz a su 'hija incredulidad' y entre las dos se encargan de enceguecer los ojos espirituales de nuestro corazón.

Tenemos que revisar nuestro corazón con mucho cuidado. Debemos estar dispuestos a desterrar toda ignorancia. Hay gente ignorante que juzga sin saber. Lo triste es que haya cristianos ignorantes que hablen sin conocer. Es más, muchos alardean de ignorancia y hasta se sienten orgullosos de ella. Y como este tipo de cristianos es abrazado a su derecha por 'mamá ignorancia' y a su izquierda por su indiferente hija 'señorita incredulidad', a veces se presentan con una actitud tan soberbia que se les aplica perfectamente el texto de Proverbios que dice: *"aún el necio cuando calla es tomado por sabio"* (17: 28) Y si lo quisiéramos actualizar más podríamos recordar el dicho popular que expresa: "en tierra de ciegos, el tuerto es rey".

También Proverbios dice: *"El que confía en su propio corazón es necio; mas el que camina en sabiduría será librado"* (28:26) Pablo confiaba en sí mismo hasta que miró a Cristo. Ninguna persona que mira de corazón a Cristo vuelve a ser la misma. La presencia de Jesús desenmascara la ignorancia y por lo tanto elimina del corazón la incredulidad. Esa fue la experiencia de Pablo: su encuentro con Jesús. Esa puede también ser la experiencia que revolucione tu vida, que hoy te encuentres con Jesús.

Repito, Dios ve el corazón. Vio el corazón de Pablo y vio un hombre sinceramente equivocado. Por eso Dios dijo: "puedo confiar en este hombre" por ello Pablo expresa *"Me tuvo por fiel poniéndome en el ministerio".* Cuando Dios ve la sinceridad de corazón no sólo te perdona; confía en vos, se juega por vos y te ofrece ser parte del ministerio.

¿Qué es el ministerio entonces? Es dejar de hacer mi propia vida a través del 'shock' que me produce el encuentro con Jesús y a partir de ese momento, me comprometo con el anhelo del corazón de Jesús. ¿Y cuál es ese anhelo? Que todo hombre conozca el reino de Dios. Mi pasión es la pasión de Jesús: que el reino de Dios venga al corazón de cada hombre.

Esto nos lleva al segundo punto de la experiencia de Pablo:

b) Su reconocimiento de la gracia divina y su confesión de indignidad, versículos 14, 15.

Nota bien lo que dicen estos versículos especialmente el v.14. Aquí están las tres palabras que pueden eliminar de cualquier corazón endurecido o rebelde la ignorancia y la incredulidad. Las tres están relacionadas con la preciosa persona de Jesús. ¿Cuáles son? GRACIA, FE y AMOR

Dice Pablo, aunque yo era tan pecador, y estaba tan irremediablemente perdido, con todo parecía que la gracia no sería suficiente, sin embargo, la fe y el amor que es en Cristo Jesús la hicieron tan abundante que me envolvió hasta subyugarme y ¡no pude resistirla! ¡Fue más fuerte que yo! Y caí a los pies de Jesús.

Pablo no era de ese tipo de personas que se olvida de donde Dios lo había sacado. Tenía bien presente la condición deplorable en que se encontraba cuando Cristo lo encontró en el camino a Damasco. Es común que en sus epístolas él se declare indigno. Su confesión de indignidad era la señal de un espíritu humilde y sencillo.

¿Quién mejor que él podría alardear de lo que había logrado? Sin embargo él dice *"yo soy el primero de los pecadores"*.

En el v.15 Pablo quiere mostrar la esencia de su mensaje. Dice: *"yo lo he experimentado en mi propia vida"*.

Sólo cuando tomamos conciencia de nuestro estado de pecado e indignidad podemos recibir el baño regenerador de la gracia divina, que no es otra cosa que el regalo inmerecido de Dios que derrama sobre nosotros todo el caudal de Su amor. Nos perdona. Nos sana y fortalece nuestra personalidad deteriorada por el pecado. Nos levanta. Nos hace nuevas personas y nos muestra Su fidelidad confiando en nosotros: poniéndonos en el ministerio.

¡Qué alto privilegio! estar en el ministerio. Pero también ¡qué peligro! Cuán fácilmente podemos caer en el orgullo. Enseguida nos sentimos muy importantes y nos olvidamos que 'ministerio' quiere decir servicio, que somos servidores. Estamos para servir y no para que nos sirvan. Esta era la experiencia de Pablo. Por eso él se llama con todo orgullo: *"siervo de Jesucristo"*. Si alguna clase de orgullo nos está permitido es solamente el orgullo de ser servidores. Esa debe ser nuestra alegría, nuestro sumo gozo - no que nos llamen siervos, sino ser siervos con nuestra actitud ayudadora.

Por ahí he escuchado que les llaman a algunos: 'el gran siervo'. ¿De dónde sacamos eso? ¿Por qué 'gran' siervo? Jesús nunca se hizo llamar así; es más, el renunció a su título de divinidad. La Biblia nos dice: *"haya pues en vosotros este sentir que hubo también en Cristo Jesús"*. ¿Cuál era el sentir que había en

Cristo? Veamos que dice: *"el cual, siendo en forma de Dios no estimo el ser igual a Dios como cosa a que aferrarse, sino que se despojó a sí mismo."*

Puedes notar hasta aquí, cuál era el sentir de Jesús. Hay una sola palabra que lo resume: renuncia. Sí, renuncia de todos Sus derechos por amor a nosotros. Renuncia y entrega. Se *"despojó a sí mismo"*; ¡entregó todo lo que tenía por amor a nosotros!

Para que lo entiendas mejor, el Rey de reyes dejó Su corazón, Sus vestidos reales, Su trono y el poder de todos sus ejércitos para ocupar el lugar de un siervo, un esclavo vestido de andrajos y que no tenía derecho ni siquiera sobre su propia vida. Nota que dice *"se humilló a sí mismo"* ¿Hasta qué punto lo hizo?

¡Hasta la muerte! Y no cualquier tipo de muerte, *"muerte de cruz"*, como si hubiese sido un criminal, o un vulgar ladrón.

Así que nota el orden del proceso transformador para llegar a ser siervos:

- 1) el sentir
- 2) no estimó ser igual a Dios
- 3) se despojó de sus derechos por voluntad propia
- 4) tomó forma de siervo
- 5) se hizo semejante a sus criaturas
- 6) se humilló a si mismo
- 7) se hizo obediente hasta la muerte
- 8) murió en la cruz.

Por ese mismo sentir, en vez de hacerse servir como un "gran siervo", más bien se ciñó la toalla a la cintura y lavó los pies a sus discípulos (ver Juan capítulo13) ¿Qué tal tu y yo? ¿Cómo es nuestro sentir en cuanto al servicio? ¿Qué te mueve a servir a Dios en la iglesia? ¿Cuál es tu motivación? ¿Por qué lo haces?

¿Es realmente para ser un servidor semejante a Jesús y a Pablo?

Esta era la experiencia de Pablo, había recorrido un camino similar al de Jesús. Él conocía su indignidad pero también la grandeza de la misericordia de Dios.

c) Pablo conocía la misericordia de Jesucristo en su vida y por propia experiencia. v.16

Nadie puede compartir lo que no ha vivido. Sólo un pecador perdonado puede compartir la gracia y la misericordia de Dios a los pecadores.

El orden es el siguiente: Pablo dice: *"Para que Jesucristo mostrase en mí EL PRIMERO toda su clemencia para ejemplo de los que habrían de creer en él para vida eterna"* v.16.

Aquí Pablo nos demuestra que primero la obra de Dios debe ser una realidad en nuestra propia vida. Una vida transformada por la gracia de Dios es un ejemplo más elocuente que cualquier predicación. Porque la vida habla más fuerte que nuestras palabras. Cuando la gente nos ve cambiados en nuestro carácter, en nuestra manera de ser, pronto querrán contagiarse y tener lo que nosotros tenemos.

Uno queda asombrado cuando se da cuenta que nuestro ejemplo puede determinar que una persona alcance la vida eterna. Y peor aún si pensamos lo contrario, que un mal ejemplo lleve a esa persona al infierno.

Aquí Pablo recalca que el ejemplo es para los que habían de creer en Él *"para vida eterna"*.

El v.17 es una exclamación del corazón de Pablo. Nota que hasta aquí todo lo que Pablo ha ido desarrollando en su carta lo ha elevado progresivamente a sentir cada vez en mayor grado una gratitud tan intensa hacia su Señor que no puede seguir escribiendo, y se detiene para alabar y exaltar el nombre de Aquel a quien amaba por sobre todas las cosas. El v.17 es un clímax y también un paréntesis para luego seguir sus recomendaciones a Timoteo.

d) El primer encargo solemne a Timoteo - versículos 18-20

¿Cuál es el encargo solemne? Nada menos que, como un buen soldado, *"militar la buena milicia"*. Claro que debemos tener en cuenta que esta es una milicia divina y Timoteo la había recibido a través de varias profecías; notar que lo dice en plural.

Un hombre no puede descuidar su llamado cuando viene acompañado de señales. Cuando alguien me dice la frase: "el Señor me ha dicho ..." yo lo considero con temor y prudencia para que Dios me revele la autenticidad de esa frase. No es cuestión de andar diciendo "el Señor me dijo". Eso es delicado y no debemos tomar el nombre de Dios en vano.

Pero, cuando por ejemplo, un hermano o hermana dice: "siento en mi corazón que debería dedicarme al campo misionero" y ese anhelo viene acompañado por un período en el que hermanos de reconocida trayectoria espiritual comienzan a anunciar por medio de profecías serias que Dios está levantando esa persona en medio de la congregación, allí es cuando sé que debo animarla y como iglesia comenzar a apoyar su preparación.

Ningún llamado al servicio viene de forma desordenada ni impulsiva. Debemos buscar que Dios confirme lo que hay en nuestro corazón.

Ahora, hay otro aspecto que es el negativo y que era el problema de Timoteo. Nos deprimimos cuando las cosas no salen rápido según nuestros planes. Nos revelamos ante la voluntad divina y casi que nos enojamos con Dios. Debemos aprender que Él pone los tiempos y no desanimarnos por la espera. Si hacemos esto último, la conciencia 'se endurece', se insensibiliza por nuestra impaciencia. Por eso Pablo le dice a Timoteo que hay cosas que debemos mantener nosotros. Y mantener nos habla de perseverar.

Si yo no me esfuerzo cada día, entonces no mantengo mi fe, y lo que es peor: pierdo *"la buena conciencia"*.

Esto es lo que ignoran la mayoría de los cristianos; además la palabra perseverancia significa trabajo, movimiento y acción. Y hay algunos que están muy tranquilos durmiendo 'la siesta espiritual'. Con este tipo de cristianos no se puede militar ninguna buena milicia. ¿Se imaginan lo que se puede lograr con un ejército durmiendo la siesta? El enemigo puede entrar a robarles todas las armas y además, ¡es capaz que les pinten la cara! ¡Y ellos ni enterados!

Bueno, esto parece gracioso, pero es una realidad.

En ocasiones algunos se molestan cuando el pastor les exhorta. Pero tomen nota que el v.18 no le sugiere mansamente a Timoteo que persevere. No, no, nada de eso. Leamos el v.18. *"Este mandamiento, hijo Timoteo, TE encargo..."* ¿Qué mandamiento? *"Que milites..."* que te pongas en marcha, que pelees la batalla de la fe, que te levantes; ¡ponte en acción cuanto antes!

De otra manera es imposible *"mantener la fe"*... y mucho menos una *"buena conciencia"* que sea sensible para ser usada por el Espíritu Santo.

Ahora convengamos en esto mí querido hermano: hay dos cosas

que debes cuidar de mantener en perfectas condiciones porque de ello depende que llegues a la casa del Padre.

- 1) Mantener la fe.
- 2) Mantener la buena conciencia.

Como un barco manejado por un capitán inexperto o descuidado, la vida de fe de un cristiano puede naufragar en un mundo dominado por el príncipe de las tinieblas donde las mentes de las personas están eceguecidas.

Aquí en el v. 20 Pablo cita dos ejemplos de naufragios de fe y conciencia.
1) Se cree que este Alejandro es el mismo de 2 Timoteo 4:14, quien se opuso a la enseñanza apostólica. Aunque de este texto se denota claramente cómo la maldad había llenado su corazón, al punto de llegar a causar daño al mismo apóstol Pablo. Tristemente podemos notar que los creyentes apartados del Señor pueden llegar a ser más malvados que los incrédulos, a causa de la dureza de su corazón.

2) Himeneo se menciona en 2 Timoteo 2:17 y se especifica la herejía - seguramente una herejía gnóstica- que ponía énfasis en el conocimiento humano, rechazando al Espíritu Santo.

La frase *"a quienes entregué a Satanás"* algunos han interpretado como un castigo extraordinario por parte del apóstol, (Hechos 5:5; 13:11). Sin embargo la comparación con 1 Corintios 5:3-5, hace que el significado más probable sea el de excomunión.

Él que no pertenece a la Iglesia, cuerpo de Cristo, está bajo el dominio de Satanás.

Blasfemia es cualquier violación al tercer mandamiento. Como también cualquier uso ligero y pecaminoso del nombre de Dios.

1 Timoteo 2

El alcance de la oración - 2:1-4.

Antes de entrar en este tema, debemos notar lo que parece ser la idea central, en la mente y el corazón de Pablo mientras va escribiendo. Y esa idea clave de la carta no es otra que, la preservación de la fe y el testimonio de la Iglesia como cuerpo, y de cada miembro como individuo.

Por eso, no nos sorprende que en el corazón mismo de la carta, presenta a la iglesia cómo *"columna y baluarte de la verdad"* (3:15) y lo que vimos como el texto clave de la carta, porque allí expresa lo que quería lograr en Timoteo, cuando dice: *"Para que si tardo, sepas como debes conducirte en la casa de Dios."* Así que repito: toda la carta apunta que tanto Timoteo como la Iglesia conserven una fe sana y ardiente, que dé como resultado vidas de buen testimonio, o dicho de otra manera, vidas consagradas, vidas que amen la santidad como un estilo de vida, y no sólo como una religión.

Y a eso apuntamos nosotros también al hacer este estudio: renovar nuestras vidas. Que nuestra fe sea ardiente, que nuestra consagración sea cada día más seria, más auténtica. Que tomemos un compromiso tan profundo, que cada acción en el servicio refleje un sano temor a Dios. En otras palabras, que seamos más maduros en el Espíritu y sepamos cómo conducirnos correctamente en la iglesia, que es la casa de Dios, a quien honramos como Padre, sólo en la medida que sabemos honrar a nuestros hermanos.

Por eso la diversidad de temas en la carta y por ello también la importancia de la oración, que pasamos a tratar ahora en los versículos 1-4.

Nota que dice *"exhorto ante todo"*, es decir, antes de hacer cualquier plan o querer hacer la obra de Dios, pónganse a orar. Para toda iglesia lo primero es la oración. Una iglesia que no ora no es útil a los planes de Dios. Sólo una iglesia que ora puede tener una visión grande de parte de Dios. Por ello Satanás tratará por todos los medios de desanimar a los hermanos para que no oren. Debemos estar muy despiertos. Él sabe lo peligroso que es cuando uno o más cristianos se ponen de rodillas.

Veamos algunos aspectos del alcance de la oración:

- La oración debe ser con rogativas, oraciones, peticiones y acciones de gracias.

Rogativas, de la palabra "rogar" que es sinónimo de "suplicar". Esta es la manera que debemos orar en ocasiones muy conflictuadas. La súplica implica orar con lágrimas, llanto y muchas veces dolor profundo. El diccionario dice que significa: "rogar algo patéticamente". Es cuando llegamos al punto de derramar nuestra alma delante del Señor en completa entrega y clamor. A veces somos tan formales para orar.

Debe haber un sentimiento muy profundo, un deseo ardiente, no tenemos que temer orar con clamor y lágrimas. Hay momentos que lo único que nos levanta del pozo es el quebrantamiento. Este es la mejor escuela de oración. Allí Dios puede tratar con nuestro orgullo y con los desvíos de nuestro corazón. Sin embargo es también esta oración la que tiene garantía amplia delante de Dios tal como lo expresa el Salmo 51:17. Dios no rechaza al corazón quebrantado. Toda iglesia, debe atender este tipo de oración. Es el camino a la sanidad de cada corazón para que fluya el Espíritu Santo en el cuerpo de Cristo. ¿Cómo estás orando en tu vida privada? ¿Cómo oras en tu iglesia? Para Dios, quebrantamiento, da como resultado perdón y fuerza espiritual.

Los otros tres tipos de oración son claramente entendibles, sólo debemos cuidar el que no falten en nuestro devocional.

- La oración debe tener como meta la visión de un alcance mundial.

Esto se debe a que la oración es el arma más poderosa que una persona pone en funcionamiento cuando se dispone a orar.

No dice aquí orar sólo por un país sino *"por todos"* los que están en eminencia.

Debemos aprender a orar por nuestro presidente y sus ministros en las distintas áreas del gobierno; por cada provincia y su gobierno, por cada ministerio: social, de economía, municipal etc. El resultado de esta responsabilidad intercesora lo dice la segunda parte del v.2. En un ambiente como éste se puede hacer la obra de Dios sin estorbo.

Lo que más debe incentivar a un creyente a orar de esta manera es *"porque esto es bueno y agradable delante de Dios nuestro Salvador"* (v. 3). ¿No te parece suficiente incentivo?

Los cristianos no hacemos las cosas, por lo que diga la gente, sino por lo que dice Dios, y Él dice en Su Palabra que ver a Su pueblo orar le es *"agradable"*. ¿Se imaginan el rostro de felicidad del Padre escuchando la voz de Sus hijos? Es la satisfacción agradable que disfruta todo padre al poder conversar con su hijo, conocer sus planes y sus anhelos. Al escucharnos Su corazón se llena de amor y nos bendice.

Tenemos que aprender a dejar de quejarnos de nuestro país y de nuestras autoridades. Empecemos a dar gracias por el país que tenemos. Miremos cuánto Dios nos ha bendecido. Oremos por nuestros gobernantes. Dejemos de quejarnos. Practiquemos acciones de gracias. Soñemos que nuestro país sea para Cristo; y si perseveramos en oración y ruego, eso será lo que Dios nos dará como herencia para nuestros hijos y nietos.

- La oración debe tener un alcance misionero.

Este es el otro aspecto. El corazón de Dios es muy amplio y generoso en amor *"el cual quiere que todos los hombres sean salvos"*. Ese es el deseo del Padre amoroso: que cada hombre en este mundo escuche de Su amor, que cada hombre pueda oír de la persona de Jesucristo en quien se muestra claramente el amor del Padre.

Por supuesto que sabemos que no todos los hombres se salvarán, pero eso no lo determinamos nosotros. Podemos confiar en el amor y la justicia del Padre. Nuestra tarea es orar, orar y orar *"para que todos los hombres sean salvos y vengan al conocimiento de la verdad."*

Ahora, eso sólo puede hacerlo una iglesia que tenga un corazón misionero. Ora por todos los hombres, no solamente por tu barrio; eso está muy bien, pero no es suficiente. En el corazón de una iglesia misionera hay multitudes que claman por salvación. Cuando esa iglesia cierra los ojos, ve como Pablo en visión al varón macedonio que le decía: *"Por favor, ven y ayúdanos."*

La iglesia misionera tiene el corazón de Dios latiendo fuertemente en su pecho; como un padre (Juan 3:16), así también la iglesia quiere que todos los hombres sean salvos.

Y comienza a orar por tu ciudad, por cada provincia y cada país y el mundo entero.

Cristo, el único mediador – 2:5 y 6

Aquí llegamos a lo que es en la doctrina de Pablo una verdad fundamental. Recordarás que en 1:1 habló de "Dios nuestro Salvador". Ahora emplea la elocuente fórmula *"porque hay un solo Dios y un solo mediador entre Dios y los hombres, Jesucristo hombre."*

Así que, en esta expresión, está nuevamente afirmando la divinidad exclusiva de Jesucristo como único mediador en la obra redentora. Este hilo de pensamiento es el mismo que usa el escritor de Hebreos en textos como 7:22; 8:6; 9:15; 12:24 y que es importante tener en cuenta en medio de una sociedad que busca llegar a Dios por tantos y diversos caminos equivocados.

Sólo hay un mediador: Jesucristo. Aparte de Él, ningún otro hombre, no importa cuán preparado pueda estar - que sea gurú, maestro, filósofo, ni tampoco cuán místico o esotérico parezca, ningún hombre carismático, ni líder - pudo morir en la cruz por el pecado del hombre. Sólo Jesús puede decir: *"Yo soy el camino, la verdad y la vida, nadie viene al Padre sino por mí"* (Juan14:6).

Esta es una verdad fundamental: el cristianismo es Cristo céntrico. El mensaje del evangelio es una persona muriendo en la cruz por nuestros pecados. Si al mensaje del cristianismo, le quitamos la persona de Cristo, sólo nos queda una máscara religiosa hueca y vacía sin vida ni esperanza.

Toda enseñanza cristiana debe tener como eje principal la persona gloriosa de Cristo. Él debe ser el punto de partida para toda doctrina y también para dilucidar cualquier duda. Como lo resume Pablo: *"Nadie puede poner otro fundamento que el que está puesto, el cual es Jesucristo."*

El v. 6 utiliza la palabra *"rescate"* y la utiliza como sinónimo de redención en cuya palabra la idea principal es "soltar" o "liberar". El pecado mantiene al hombre en servidumbre; la redención lo libera de esa esclavitud.

Cristo, verdadero Dios y verdadero hombre, se dio a sí mismo como rescate por todos. El mismo habló de *"dar su vida en rescate por muchos"* (Mateo 20:28), lo que afirma Pablo aquí en el 2:6. Todo esto debido a que la Biblia afirma que todos los hombres están esclavizados por el pecado y son *"hijos de ira"* (Efesios 2:1-3; 2 Timoteo 2:26). La redención es la obra más excelsa y maravillosa que haya tenido lugar en este mundo. Y la humanidad la necesita desesperadamente. Jesús tomó nuestro lugar en la cruz, para brindarnos una redención que es eterna (Hebreos 4:2)

Pablo, apóstol de los gentiles – 2:7

El énfasis que pone Pablo a su llamado con estas palabras muestra qué importante era en su pensamiento el oficio al que había sido llamado, el cual además, abarcaba tres campos de acción: predicador, apóstol y maestro.

Cuando Dios llama a una persona le da abundante gracia como para desarrollar varias capacidades para que de esa manera el cuerpo de Cristo pueda ser bien ministrado.

Por ello toda persona que sirve en el Reino de Dios de corazón, debe tratar de mejorar cada día. Si es posible: multiplicar sus dones. Así Dios se glorificará. Hay una que debes evitar y esa es: conformarte. La vida cristiana no se vive de los logros del pasado sino de las nuevas conquistas del presente.

¿Hay en tu vida nuevos planes? ¿Nuevos sueños? ¿Deseas algo mejor para tu vida? Entonces, no te quedes quieto. No te duermas. ¡Haz algo! Lo que sea pero hazlo. No te quedes parado. No te quedes dormido. Sacude tus dones. Dale valor a tus capacidades. Dios está contigo. *"Si Dios es por nosotros, ¿quién será en contra?"* Romanos 8:31.

El problema en estos días en la Iglesia es que hay muchos espectadores. Miles se quedan en las tribunas mientras sólo 11 juegan el partido contra el diablo. ¿Qué estás haciendo sentado? Dios busca hombres como Pablo. Hombres que aunque equivocados dan lo mejor su vida y de su esfuerzo a la causa que abrazaron.

El deseo más ardiente de Pablo – 2:8

En primer lugar dice *"que los hombres oren"*. Allí está el

secreto: nadie puede logra nada de valor eterno para Dios si no ha transitado por el camino de la oración.

Esta debe ser la meta del trabajo de cada uno de nosotros: lograr ver que los hombres aprendan a orar. A veces nos preocupamos por hacer buenos negocios en la vida. Pero ¿qué mejor negocio que enseñarle a una persona a orar? Nos hemos preguntado ¿cuánto puede lograr en este mundo una persona de rodillas? Pablo se lo imaginaba.

Él tenía una visión clara. Por eso decía *"que oren en todo lugar",* él se imaginaba cristianos orando en el mercado, en las calles, en el ejército, en el campo labrando la tierra etc. Y ¿qué veía? Una red mundial espiritualmente poderosa, una red que no permitía a los demonios intervenir en este mundo.

La iglesia debe enseñar a cada cristiano a orar eficazmente porque cuando cada cristiano está orando en su lugar de trabajo y en donde se encuentre, esa iglesia estará cubriendo con poder espiritual al barrio donde Dios la ha puesto. Y desde allí impactara a su ciudad. Los ángeles van a trabajar sin impedimentos y los vecinos van a comenzar a llegar a montones para oír la Palabra de Dios. Así que no debemos olvidarnos, tú y yo, que tenemos una prioridad: enseñar a los hombres que oren en todo lugar.

Pero no es solamente eso, va más allá: *"levantando manos santas, sin ira ni contiendas."* ¿Lo entiendes a esto? No es el hecho físico de levantar las manos lo que hará eficaz a la oración. No, no. Si fuera así, ¿por qué no podría Dios obrar igualmente cuando tenemos las manos en los bolsillos? ¿Acaso no es soberano?

Lo que tenemos que ver aquí es la motivación de nuestro corazón cuando levantamos nuestras manos. Tú puedes levantar las manos pero los ojos de Dios atraviesan las manos y llegan hasta el corazón. ¿Y qué encuentra Dios allí? Tal vez encuentre rabia contenida, enojo, resentimiento.

¿Cuántos años has convivido con esos sentimientos que te han ido amargando y que están volviendo tu vida seca y sin sentido?

No podemos dejar de detenernos aquí; la importancia del estado de nuestro corazón es realmente crucial si queremos que nuestras oraciones sean eficaces.

Nota como dice la Versión Popular: *"...que eleven sus manos a Dios con pureza de corazón y sin enojos ni discusiones"*. Hay personas que han vivido por años con rencores ocultos. La Biblia llama a eso *"raíz de amargura"* y sabes cómo trabaja una raíz: cada vez penetra más profundamente. Aún grandes edificios han sido destruidos por una raíz que al principio parecía inofensiva pero que con el correr de los años llegó a destruir los cimientos.

Si hay algo dañino para nuestra vida eso es el resentimiento. Todo resentimiento tiene nombre y apellido. Sin embargo no hay raíz emocional, por más profunda que sea, que Dios no pueda quitar. Dios hace nuevas todas las cosas.

Yo te invito a detenerte, a repasar tu vida y quitar de raíz el enojo, el resentimiento, y también toda angustia, fruto de discusiones con las personas que amamos. A ellas es a quienes más herimos y son las que más nos hieren. Cierra tus ojos. Piensa en las personas que te han dañado, en quien te haya hecho sentir degradado, o tal vez usado. Quizás hay más de una persona que tienes que perdonar. Sé valiente, en tu corazón no debe quedar la menor partícula de odio ni resentimiento, debes quedar limpio por la sangre de Jesucristo. Vamos a hacer una oración juntos. El Padre amoroso quiere sanarte para que tus manos se levanten en señal de victoria.

"Padre amoroso, te doy gracias, porque me elegiste a mí para ser un intercesor poderoso en este mundo. Deseo levantar mis manos con pureza de corazón cada vez que eleve mis oraciones. Por eso en el nombre de Jesús, decido firmemente perdonar a las personas que me han maltratado, herido y humillado. En tu nombre Jesús yo perdono a .... (menciona el nombre, o los nombres) y renuncio a toda ligadura emocional con él/ella/ellos y me declaro libre espiritual y emocionalmente de toda contaminación de odio, enojo, resentimiento y angustia a causa de discusiones pasadas. Me declaro cubierto por la sangre preciosa de Jesús. Soy perdonado, soy sanado. Soy libre y vencedor. ¡Gracias Jesús! En tu nombre Amén."

Creo que ahora serás un intercesor victorioso, ¿verdad?

Deberes de los hombres y de las mujeres – 2:8-15

Titulamos así, porque evidentemente los versículos 8-15 hacen un todo; y cuando Pablo hace las indicaciones para las mujeres, debemos tener en claro por el contexto que se refiere a cómo debe presentarse la mujer a la oración.

La recomendación es que no vaya a la reunión como a una exhibición de modas sino en el espíritu que conviene a una mujer cristiana. Lo mismo dice en 1 Pedro 3:3. Se refiere sin duda, a la debilidad humana y la tentación que puede sentir la mujer de buscar llamar la atención con su manera de vestir, peinados o joyas, que en las costumbres de la época era muy común. Lo que se deduce claramente es que toda exageración provocativa en la manera de vestir debe ser evitada.

Siguiendo con el pasaje, del 11-15, primero afirma que la mujer no trate de dirigir pues eso le corresponde al hombre y segundo que debe estar sujeta. Para ello recurre a la narración del Génesis donde claramente aparece la prioridad del hombre en la creación, siendo la mujer que vino después la ocasión de su caída, v.13, 14; Génesis 2:7-22; 3:2-6.

Aunque todo este argumento da la impresión de ser muy estricto, tenemos que tener en cuenta: primero, que Pablo se refería al ámbito de la iglesia donde la mujer no debía ejercer autoridad. Por otra parte estas argumentaciones sacadas de la Biblia y muy en uso entre los judíos, no siempre se les daba carácter estricto de demostración dogmática, sino más bien de ejemplo ilustrativo.

Para no caer en exageraciones que pueden ser dañinas, es importante que miremos estos temas a la luz de todo el Nuevo Testamento. Así descubrimos también que es el mismo Pablo que dice en Gálatas 3:28 estas maravillosas palabras: *"Ya no hay judío ni griego; no hay esclavo ni libre; no hay varón ni mujer; porque todos vosotros sois uno en Cristo Jesús."* ¡Sorprendente! ¿Verdad?

También encontramos mujeres como diaconisas y profetizas como las hijas de Felipe. O matrimonios como Aquila y Priscila, donde se nota claramente que ambos lideraban la iglesia que comenzó en su casa, desarrollando un importante ministerio de enseñanza y evangelización.

Hay otros ejemplos, pero lo que queremos hacer notar, es que nunca debemos hacer doctrina con pasajes aislados, sino analizar el todo para sacar una conclusión válida que sea de bendición para la iglesia.

En el mismo ministerio de Jesús vemos el valor que Él le da a la mujer, y más aún, si notamos que a quienes se aparece por primera vez, después de la resurrección, es a dos mujeres. Claro ejemplo éste de que Jesús no sólo amaba y respetaba por igual a hombres y mujeres, sino que a lo largo de su ministerio puso siempre en honra a la mujer. Si hay algo de lo cual puede presumir el cristianismo es haber logrado por su marcada influencia la cara igualdad de los sexos, en lo que se refiere a la dignidad y el respeto de la persona.

En la Biblia la mujer aparece como más sensible espiritualmente que el hombre. La semilla del evangelio prende más rápidamente en ellas y vemos ejemplos de cómo muchas de ellas fueron utilizadas por el Señor para comenzar iglesias poderosas.

Ahora es también esa sensibilidad la que la hace más proclive a ser engañada por el diablo. De ahí que no debemos ignorar ni descuidar el orden de Dios para la familia y para la iglesia.

Puede parecer gracioso para nosotros hoy, pero lean el comentario que hace San Juan Crisóstomo de este pasaje: "Ella (la mujer) enseñó una vez al hombre, y todo se perdió. Por eso Dios la sujetó, porque había usado mal de su autoridad, o por mejor decir, de su igualdad."

En conclusión, cuando el hombre y la mujer se encuentran en correcta relación con Dios ambos se realizan como personas, aprenden a ocupar su lugar y a respetarse.

En momentos en que la familia vive una de las peores crisis de su historia -crisis de identidad- (hoy es difícil distinguir desde lejos quien es hombre o mujer), crisis de valores (los hijos no honran a los padres y éstos se olvidan de los hijos), hoy más que nunca, necesitamos valorar en toda su dimensión a la mujer como esposa y madre. ¡Cuánto necesita nuestra sociedad, mujeres, esposas y madres que amen la vocación natural de criar y educar a sus hijos; mujeres llenas de una fe sencilla que irradien amor y santidad en sus vidas!

Es cierto que la responsabilidad es muy grande pero la vocación la ha puesto Dios mismo en el corazón de cada mujer. ¿La recompensa? ¿Quién puede pagar la satisfacción que siente una madre en su corazón cuando al correr de los años puede ver a sus hijos reflejando en su carácter una vida santa y consagrada a Dios, ciudadanos útiles a Dios y a su patria?

Yo tengo una palabra de parte de Dios para las madres que están leyendo este mensaje: Nunca te desanimes; todo tu trabajo, todo tu sacrificio tiene garantía, porque educar los hijos como dice la Palabra de Dios nunca falla. Esa es la mejor garantía. ¡Así que no te desanimes!

1 Timoteo 3

Pastores según el corazón de Dios – 3:1-7

"Palabra fiel: si alguno anhela obispado, buena obra desea". versículo1. La Nueva Versión Internacional lo rinde así: *"Si alguno aspira a supervisor, a noble oficio aspira."*

"¿Y tú buscas para ti grandezas? No las busques." Jeremías 45:5

Entramos ahora a una parte esencial de la carta: la formación de líderes. De allí que nuestra exposición se torna tan delicada por la importancia del tema.

Nos conviene detenernos a hacer una aclaración de términos, ya que es muy común en las iglesias protestantes llamar pastores a sus ministros y también algunos católicos lo hacen así.

Dios proporciona a Su pueblo hombres con los dones necesarios para apacentar el rebaño de Sus hijos, según la promesa de

Jeremías 3:15, *"Os daré pastores según mi corazón, que os apacienten con ciencia y con inteligencia"* - texto del que ya se desprenden algunas de las características básicas que debe desarrollar un líder.

En el Nuevo Testamento la palabra 'pastor' se usa una sola vez (Efesios 4:11) para señalar al ministro de una congregación. Por ello es importante notar que la palabra *"apacentar"* comunica el mismo concepto, pues es sinónimo de pastorear. (Juan 21:15; Hechos 20:28; 1 Pedro 5:2,4)

Así que, de acuerdo con el uso del Nuevo Testamento, el término 'pastor' tiene la misma función en la iglesia que el anciano (presbítero) o el obispo. Las tres palabras se refieren al mismo puesto y función.

Ahora volvamos a leer el versículo 1 para introducirnos al tema. ¿Puede realmente una persona desear el liderazgo pastoral?

La versión Nacar Colunga dice: *"Verdadero es el dicho, si alguno desea el episcopado, buena obra desea."*

A primera vista Pablo afirma que tal sentimiento en una persona es, una *"buena obra"* o, un deseo *"noble"*. ¿Qué quiere significar Pablo con esta afirmación? Parece que *"buena obra"* equivale a oficio noble y excelente.

¿Cuál es la misión del obispo? Nada menos que cooperar con Dios para la salvación de las almas y la extensión del Reino de Dios.

Alguien dijo que "el profundo deseo de alguien en cuanto a este oficio, debería ser como el anhelo de Abraham por la tierra celestial."

Todo esto nos lleva a hacernos algunas preguntas: ¿Cómo saber la sinceridad de tal deseo? ¿No debería ser el cargo que busque al hombre en vez de ser el hombre quien busque el cargo? ¿No es peligroso dar un cargo a un hombre ambicioso? ¿No hay cierta verdad en el dicho que dice que la ambición es la primera debilidad de una mente noble? Expuso Shakespeare una profunda verdad cuando hizo que Wolsey (uno de sus personajes) dijera: "Cromwell, te encargo que lances fuera las ambiciones. Por ese pecado cayeron los ángeles; entonces, ¿cómo puede un hombre a la imagen de su creador, esperar provecho de ello?"

No podemos pasar por alto la realidad de una ambición que justifica en alguna medida ciertos temores y censuras de algunos.

Pero creo que nos ayudará releer los dos textos puestos al principio, el uno frente al otro, para que cualquiera de nosotros que quiera ser efectivo en el servicio de Dios, desarrolle su capacidad hasta el máximo - entonces no debe tener temor hasta donde le puede llevar su ambición.

Al considerar la honorable ambición a la que se refiere Pablo, caemos en el error de apreciarla a la luz del honor y del prestigio que en nuestros días se da a los que tienen posiciones de liderazgo cristiano.

Sin embargo, nos caemos de espaldas cuando vemos que las condiciones cuando Pablo escribió eran muy distintas. En esa época el cargo de obispo o pastor era lejos de ser querido por muchos, pues iba acompañado de grandes peligros y responsabilidades. Muchas veces la recompensa era el infortunio, desprecio, rechazo y hasta la muerte.

Cuando era tiempo de persecución el líder era el primero en ser señalado y el primero en sufrir. Así que en esa época no había mucho peligro de que algún charlatán estuviese muy dispuesto para el cargo; muy al contrario, seguramente que los candidatos escaseaban. Por eso Pablo, que necesitaba líderes, los anima con las palabras del versículo 1.

> "Debe notarse que no es la posición de supervisor sino la función de líder de la cual dice Pablo que es noble y honrosa. Este es el trabajo más privilegiado del mundo y su carácter glorioso debe ser un estímulo para desearlo, ya que cuando se desea por motivos puros produce dividendos en el presente y en la eternidad. En los días de Pablo sólo un profundo amor por Cristo y una preocupación genuina por su iglesia daría a los hombres un motivo lo suficientemente fuerte como para empujarles a desear este cargo. Pero en la mayor parte del mundo de hoy, el ser un líder cristiano confiere privilegios y prestigio; así que una ambición indigna podría fácilmente inducir a hombres no espirituales y egoístas a buscar esa posición. El deseo de llegar a ser importante no es en sí mismo pecaminoso. Es la motivación que determina su carácter."

La palabra ambición deriva de una palabra latina que significa "pasión por conseguir poder" - de donde una gran variedad de ingredientes pueden estar presentes, ser visto y aprobado por los hombres, ser popular, estar bien situado en nuestra sociedad, ejercer control sobre otros, ser el centro de atención, etc.

También un hombre ambicioso disfruta del poder que el dinero y la autoridad le proporcionan. Pero el verdadero líder espiritual nunca solicita ser ascendido. Todo esto fue claramente censurado por la vida y la enseñanza de Jesús. Podemos ver esto en el pasaje de Marcos 10:35-45 donde leemos de la petición de Jacobo y Juan.

En el contexto (v.33, 34) Jesús se había aliviado compartiendo con ellos la presciencia de su sufrimiento y muerte; aún no había terminado de hablar cuando Santiago y Juan, insensibles e indiferentes a su exhortación sobre la comprensión y el compañerismo, dijeron: *"Concédenos que en tu gloria nos sentemos el uno a tu derecha y el otro a tu izquierda"* (v.37).

Ellos querían una corona de gloria pero no estaban preparados para la corona de espinos. ¿Es hoy diferente en el ministerio? ¿Qué precio estamos dispuestos a pagar? También muchos hoy anhelan estar en el ministerio. ¿Sería igual si fuesen contemporáneos de Pablo y los apóstoles?

Jesús aprovechó, haciendo oídos sordos a la petición ambiciosa de sus dos discípulos, para enseñarles una lección que sería trascendental aún para nosotros hoy. Ver los versículos 38-40. Como ves, Jesús estaba enseñándoles a ellos, y a nosotros, que el concepto universal de grandeza y liderazgo no puede estar incluido en su reino espiritual. En este reino hay una inversión completa de los valores terrenales. Un ejemplo de esto es que en el cielo el oro es usado para hacer las calles.

"Aquellos para quienes está preparado" son aquellos quienes se preparan a sí mismos para esto. ¿Y cuál es la preparación necesaria? He aquí la respuesta: "Él debe ser el esclavo de todos. No es el número de sirvientes, sino el número de a quienes sirves, el criterio divino de grandeza y la verdadera preparación para el liderazgo."

Por ello, lo primero que queremos es fijar claramente nuestro modelo. Jesús encarna personalmente su propia enseñanza: *"El Hijo del Hombre no vino a ser servido sino a servir"* v. 45 y Lucas 22:27, *"mas yo estoy entre vosotros como el que sirve."*

Si realmente nos interesa estudiar en este capítulo el liderazgo espiritual es esencial que marquemos claramente, el principio divino básico, de manera que sea entendido sin confusión y aceptado firmemente.

"La verdadera grandeza del liderazgo no es llevada a cabo reduciendo a los hombres a nuestro servicio sino dándose a sí mismo desinteresadamente al servicio de ellos. Implica beber una amarga copa y experimentar un doloroso bautismo de sufrimiento.

"El verdadero líder espiritual está infinitamente más interesado en el servicio que puede rendir a Dios y a su prójimo, que en los beneficios y satisfacciones que él puede obtener de la vida. Quiere dar más en la vida que recibir.

"Fija tu atención en el hecho de que la ambición del hombre ha de adaptarse al plan de Dios para él y que tiene la estrella del Norte para guiarle confiadamente y seguro sobre cualquier mar, no importa si este mar parece no tener ninguna playa. Él tiene una brújula que le apunta el camino claramente aún en la más espesa niebla y en la más feroz tormenta y a pesar de las rocas magnéticas."
S.A. Gordon

El famoso conde Nicolás Zinzendorf tenía una fuerte atracción hacia las actividades clásicas y era tentado por posiciones y riquezas, sin embargo, el resumió delante de sus amigos la razón de su vida cuando les dijo: "yo tengo una pasión, es Él, y solo Él."

Este hombre lideró una sociedad misionera que dio la vuelta al mundo, aun cuando la obra se hacía de una manera mucho más limitada que hoy en día. Sus seguidores se impregnaron de su espíritu y fundaron iglesias en países extranjeros; lo llamativo es que un miembro de cada doce servía como misionero.

¿Podremos nosotros hoy decir que la pasión que consume nuestras vidas es Jesús y sólo El? ¿Hasta dónde estarías dispuesto a seguirle? ¿Hasta dónde renunciarías a lo que se te ofrece como éxito en este mundo para seguirle, aunque te cueste todo?

Sólo delante de Jesús podemos recordar lo más importante; la verdadera motivación de nuestro corazón es la que determina el carácter. Como dice el poeta:

> "Porque nosotros, hijos de Adán, queremos ser grandes, Él se rebajó.
> Porque nosotros no nos humillamos Él se humilló a sí mismo.
> Porque nosotros queremos gobernar El vino a servir."

A la luz de todo lo visto la riqueza contenida en el v.1 se convierte en una punta de lanza que marcará el rumbo de una persona.

No debemos sentirnos mal porque otros hermanos quieren liderar. Al contrario, es un signo alentador de crecimiento del cuerpo.

Lo que sí debe preocuparnos es cuidarlos con amor, aconsejarles, enseñarles y lo más importante: no apresurarnos en darles responsabilidades. Esto, muchas veces, ha arruinado la vida de hombres que podrían haber sido grandes siervos de Dios.

¿Quieres ministrar? Entonces, no te desanimes, y espera en silencio y sujeción hasta que el tiempo perfecto de Dios se cumpla. Luego vendrá Su señal. Seguramente que si te la da a ti, también se la dará al pastor. Esta confirmación será tu confianza. ¡Y también el comienzo de mejores cosas para tu vida!

El liderazgo en la perspectiva de Pablo – 3:2-7

Cómo sabes, nadie mejor calificado que Pablo para establecer los requisitos que deben adornar la vida de un líder cristiano. Inspirado por el Espíritu Santo, él nos pinta un cuadro sencillo pero bien claro de cualquier persona llamada por Dios. Hace resaltar de una manera práctica los patrones de conducta que abarcan toda la personalidad del líder. Y hacia allí apuntamos ahora: ver estos requisitos de una manera ordenada.

1-Requisitos sociales

Nota que Pablo comienza la descripción con una aseveración de tono firme. Él dice: *"Es necesario..."* De manera que estos requisitos son imprescindibles. No pueden faltar y tampoco pueden obviarse o tomarlos livianamente. Nada en el servicio cristiano es superficial. Si no estamos dispuestos a ser honestos con nosotros mismos, con una actitud humilde, dispuestos a hacer cualquier sacrificio con tal de aprobar el examen que Dios nos toma, mejor abandonemos la idea de servir al Señor.

Servir al Señor, significa, estar dispuestos a pagar un precio en este mundo, con tal de alcanzar en el más allá *"la corona de vida que Dios ha prometido a los que le aman."*

Aquí no hay lugar para los cómodos, los perezosos y los chicos mal criados. En el reino de Dios hacer la voluntad del Padre es lo único que tiene valor.

¿Qué es lo necesario, lo que llega a ser imprescindible?

a) En primer lugar el líder debe ser *"irreprensible"* (o irreprochable).

El diccionario lo define de este modo: "Se aplica a la persona o cosa que no tiene faltas o a la que no se le pueden señalar faltas."

No quiere decir que sea perfecto, pero sí que vive en una conducta que no permite a nadie, ni en el ámbito de la iglesia ni fuera de ella, que se hable mal de su líder.

Como sabemos, todo líder está expuesto constantemente al ataque y al desprestigio de los murmuradores – que abundan dentro y fuera de la iglesia – éstos se verán impedidos de hablar si la conducta es irreprensible.

El adversario tratará de manchar y ensuciar nuestra reputación. Así que como alguien dijera: "no solo debemos ser santo sino que debemos parecerlo." Cuidar los detalles a veces es muy importante. Debemos ser cuidadosos con las palabras que salen de nuestra boca. Nuestras reacciones y en este sentido aún debemos cuidar nuestra apariencia. La forma de vestirnos debe ser limpia y presentable.

¡Y qué decir de todo lo que implica la higiene personal! A veces hay algunos que creen que la frase: "un buen baño" es una mala palabra. No tengamos miedo al perfume y al desodorante. ¡No causan enfermedades!

Si todo lo hacemos para la gloria de Dios, entonces, todo debe ser hecho con dedicación y esmero.

A veces, me duele ver creyentes que por su descuido en la higiene y el vestido hacen que el mundo incrédulo se burle del pueblo de Dios y del santo mensaje del evangelio.

Si el mundo incrédulo se viste de etiqueta para ver a un cantante o asistir a un casamiento, ¿cómo te parece que debe presentarse el cristiano al lugar donde adorará y glorificará al Rey de reyes y Señor de señores?

Querido hermano, en todas las cosas Dios quiere sentirse orgulloso de nosotros. Dios no nos ha llamado a ser anticuados, sino santos y consagrados.

b) Ahora, en segundo lugar, dice que debe tener *"buen testimonio"* para con los de fuera de la iglesia.

Es en la vida diaria, en el trabajo, en el estudio etc. donde mejor se puede apreciar si el carácter del cristiano es sincero y genuino.

En los años que he vivido en el camino del Señor, he visto con tristeza a muchos cristianos, comerciantes o en puestos gerenciales, que no llevaban a sus empleados a los pies de Cristo porque sus testimonios los desautorizaba. En la semana vivían como hace el mundo y el domingo eran miembros activos de su iglesia.

Debemos ser observadores. Tenemos que mirar detenidamente y aprender. Con humildad debemos decir al Señor: "Ayúdame a tener buen testimonio con los de afuera".

Los no cristianos, a pesar de sus críticas, respetan los ideales del cristianismo y cuando los ven reproducidos en el estilo de vida de una persona, ellos también desean tener una experiencia parecida.

Por eso, el carácter de un líder, u obrero cristiano, debe inspirar para los de fuera de la iglesia, respeto, confianza y admiración. Una iglesia con líderes de estas características siempre será respetada en la localidad en que se encuentra.

2-Requisitos morales

a) "Debe ser marido de una sola mujer": y esto puede querer decir que, en primer lugar el líder debe estar casado. Tener en cuenta que un hombre casado puede recibir confidencias y brindar ayuda de una manera que el hombre soltero no puede hacerlo.

Otros podrían interpretar esta frase como que el líder no se puede casar por segunda vez, citando para ello 1 Corintios en el capítulo siete.

Pero mirando el texto a la luz de cómo se encontraba el mundo en la época que se escribió esta carta, no nos queda duda de que esto significa que el líder cristiano debe ser un marido fiel y ejemplar, que mantenga el matrimonio en toda su pureza.

Era precisamente en el aspecto matrimonial, donde en el mundo antiguo se notaba más claramente el caos moral que padecía. Vemos con sorpresa que aún había judíos que creían en la poligamia y la practicaban.

Josefo, el historiador judío, escribió que debido a costumbres ancestrales un hombre puede vivir con más de una esposa. (Antigüedades 17:1,2)

La tradición judía creía que los casamientos se hacían o se arreglaban en el cielo. En la historia del casamiento de Isaac y Rebeca se dice: *"De Jehová ha salido esto."* (Gen. 24:50) Y en Proverbios 19:14 dice: *"Mas de Jehová es la mujer prudente."*

En la historia de Tobías, el ángel le dice: "No temas porque ella fue preparada para esto desde el comienzo". Tobías 6:17.

Todo esto produjo una interpretación muy especial por parte de los rabinos, los cuales decían muy convencidos: "Dios está sentado en el cielo arreglando bodas". Y también: "Cuarenta días antes de que se forme el niño, una voz celestial proclama su pareja".

Sin embargo, sorprendentemente la ley judía permitía el divorcio. El casamiento era "inviolable, pero no indisoluble" y la liviandad llegó a tal extremo que el marido podía despedir a la mujer por cualquier causa.

Sin embargo, en el mundo gentil o pagano, la situación era mucho peor: bajo la ley romana una esposa no tenía ningún derecho.

Catón dijo: "Si hallas a tu mujer en adulterio, puedes matarla con impunidad, sin juicio alguno; pero si tú estás involucrado en adulterio, ella no debe atreverse a levantar un dedo contra ti porque es ilegal".

El matrimonio se había convertido en algo tan fastidioso que en el año 131 AC un romano famoso llamado Metello Macedonio declaró: "Si pudiéramos estar sin esposas, nos veríamos libres de esa molestia. Pero debido a que la naturaleza ha decretado que no podemos vivir confortablemente con ellas, ni vivir sin ellas; debemos considerar nuestros intereses permanentes antes que los placeres pasajeros."

Sucintamente mirando a los emperadores de la legendaria Roma, digamos que Ovidio y Plinio tuvieron tres mujeres, César y Antonio, cuatro y Sulla y Pompeyo, cinco. Herodes tuvo nueve; la hija de Cicerón, Tula, tuvo tres maridos. El emperador Nerón fue el tercer esposo de Popea y el quinto de Stalila Mesalina.

Suficiente descripción, para que comprendamos la trascendencia de las cartas pastorales, al establecer que el dirigente cristiano debía ser esposo de una sola mujer.

La levadura del Reino de Dios comenzaba a leudar lenta pero profundamente la moral de una sociedad enferma en su célula básica: la pareja.

De allí poco a poco, el evangelio iría transformando el concepto del matrimonio hasta que finalmente la enseñanza de Jesús devolvería al matrimonio el lugar de honor que ocupó en los albores de la creación.

Así también la mujer rescataría su lugar, pleno de dignidad a la par del hombre.

El líder cristiano deber saber que su primer discípulo es su esposa y le siguen sus hijos. Ellos son primero que la iglesia y sus miembros.

La fidelidad y honra a su esposa es requisito esencial para que el líder cristiano pueda influenciar con efectividad a esta sociedad contemporánea, que ha perdido los valores morales instituidos por Dios para el matrimonio.

Hoy vemos, cómo la célula básica de esta sociedad que es la familia, ve socavados los cimientos en los cuales se apoya. Hoy el relajamiento moral acepta la moda de que todo es válido. El adulterio y la fornicación son el pan de todos los días. La filosofía de que "cualquiera se acuesta con cualquiera" está costando demasiado dolor.

Hoy me parece escuchar mientras escribo, los gritos desgarradores de aquellos que entregaron sus cuerpos por el placer o por un precio. Por eso, si realmente, como cristianos, amamos los pecadores que caminan rumbo al infierno, una cosa debemos hacer: mantener el modelo del matrimonio cristiano en un sitial bien alto. Es la única esperanza para nuestra sociedad, para nuestro país y para nuestros hijos.

En resumen: el líder debe ser hombre de una sola mujer y mujer de un solo hombre.

<u>b) "Debe ser sobrio".</u> Según el diccionario se aplica al que obra con moderación, y a sus costumbres y actitudes. Por ejemplo, sobrio en la comida, o sobrio en su manera de expresarse.

Sin lugar a dudas estamos hablando de una persona que sabe controlarse a sí misma.

Ahora notemos que en cuanto a requisitos morales dice: <u>*"No dado al vino".*</u> En la antigüedad el vino era la bebida más natural. Alegra el corazón del hombre (Jueces 9:13) y dice que a los que están desfalleciendo se les dará sidra, y vino a los de amargado ánimo (Proverbios 3:16)

Sin embargo, también advierte del desastre que le acarrea al hombre que mira al vino cuando rojea, según la impactante descripción de Proverbios 23:29-35.

Por ello en la antigüedad cuando se bebía vino se lo hacía en la proporción de dos partes de vino por tres de agua.

La palabra aquí involucra "a uno que se entretiene con su vino", y consecuentemente con el peligro de emborracharse y ser desordenado. Tú sabes lo desgraciado que es un borracho en la sociedad; ¡cuánto más en la iglesia cristiana!

El líder deberá cuidarse en privado, controlarse porque de eso depende que su testimonio público no sea manchado.

3-Requisitos mentales

El líder cristiano debe ser "*prudente*" (*sofron*) y "*decoroso*" (*kosnios*).

a) *Sofron*. Se ha traducido por prudente, pero es una de esas palabras que no tiene traducción. Sólo se la puede traducir con variaciones, como cabal, discreto, prudente, controlado, que tiene completo dominio sobre los deseos sensuales.

Los griegos la derivaron de dos palabras que significan mantener un juicio cabal seguro. El sustantivo que le corresponde es *sofrosme* y los griegos pensaron y escribieron mucho acerca de ella, ya que es lo opuesto a la intemperancia, desenfreno o falta de dominio propio.

Platón definió esta cualidad del carácter cristiano como "el dominio del placer y el deseo."

Pitágoras dijo que "era el fundamento sobre el cual descansa el alma". Y Gilbert Murray, el gran erudito clásico, escribió acerca de esta palabra *sofron*:

> "Existe una manera de pensar que destruye y otra que salva. El hombre o la mujer que es *sofron* andan entre las bellezas y los peligros del mundo, sintiendo dolor, gozo, ira y lo demás; y en medio de todo tiene en su mente algo que salva. ¿A quién salva? No sólo a él sino por así decirlo, a toda la situación. Impide que el mal inminente se concrete".

Vemos entonces, que el hombre que es *sofrón* es el que es dueño de un juicio cabal y seguro, tiene cada parte de su ser bajo un perfecto dominio, así que el cristiano *sofrón* es aquel en cuyo corazón Cristo reina como Señor de una manera suprema.

b) Es notable que la palabra que acompaña a prudente es, decoroso *(kosnios)* la cual significa ordenado, honesto, decoroso.

Así que si un hombre es *kosnios* en su conducta exterior se debe a que es *sofrón* en su vida interior.

Y aquí vemos cómo la belleza de la vida interior determina la fachada exterior. La importancia de una comunión con Cristo íntima y profunda.

El líder, obrero, pastor, anciano, diácono y todo cristiano que se precie de ser servidor de Jesucristo debe ser un cristiano *sofrón*, un hombre que controle sus pasiones, instintos y deseos, y paralelamente debe ser *kosnios*, un cristiano en quien el control interno se transforma en belleza externa, belleza en el rostro y en las palabras, belleza en los gestos, en la sonrisa y en la lágrima; belleza en el dolor y en la prueba, belleza en la oración. En suma, una vida que refleje la gloria de Cristo.

Y toma nota que estamos hablando de requisitos mentales. ¿Cómo te imaginas a un obrero así?

Una mente clara, limpia, por el poder de la Palabra de Dios y el poder del Espíritu Santo. Tú tienes que saber algo: la consagración, a uno le hace más inteligente. El vivir en santidad, clarifica tus pensamientos y te mantiene alerta, con una mente bien despierta.

Muchos haríamos bien en estudiar detenidamente el capítulo 1 de Proverbios, especialmente los que estudian. Miren por ejemplo Proverbios 1:7, aquí está el principio que te hará tener éxito en tus estudios.

Y esto nos lleva a otro de los requisitos:

c) El líder cristiano debe ser *"apto para enseñar"* (v. 2) Debe estar capacitado, tanto mental como espiritualmente, para ejercer una activa docencia cristiana.

Primero debe desarrollar la habilidad, es decir, debe prepararse, estudiar - no puede ser un perezoso mental.

Y en segundo lugar debe tener la disposición para enseñar. En su interior habrá un deseo ardiente de impartir a otros la verdad que el Espíritu Santo le ha enseñado de las Escrituras.

Repetimos, que si ha de enseñar, él mismo debe ser un buen estudiante de las Escrituras. "Un hombre que sea incapaz es descalificado para ser pastor". (B.A. Kent)

Este aspecto sería mucho más amplio de tratar; sólo diremos aquí que en nuestros días el pueblo de Dios sufre las consecuencias de un liderazgo que muchas veces prefiere caminar con muletas falsas de superstición e ignorancia, que basados en el conocimiento de un estudio serio de la Palabra de Dios.

Tal como le sucedía al profeta Oseas quien al observar la condición de bancarrota moral de Israel, figura de la Iglesia, decía: *"mi pueblo fue destruido porque le faltó conocimiento. Por cuanto desechaste el conocimiento, yo te echaré del sacerdocio y porque olvidaste la ley de tu Dios, también yo me olvidaré de tus hijos".* (Oseas 4:6)

Poner atención a las consecuencias de no darle importancia al estudio de las verdades eternas y el resultado final:

- 1- el pueblo (la iglesia) es destruido.
- 2- el cristiano se vuelve inservible para Dios.
- 3- ese cristiano corre el riesgo que por su comodidad

Dios le dé la espalda a su descendencia.

¿No te parece que es tremendo? La iglesia, nuestra vida personal y la de nuestros hijos están en riesgo. ¡Es un serio peligro!

Dice Dios, si no pones atención en buscarme y conocerme, voy a hacer tres cosas contigo: Te destruiré como pueblo, te despediré como sacerdote y me olvidaré de tus hijos.

¿No te parece grave esto? Clamemos a Dios para que nos dé más consagración, más seriedad en Su servicio, más dedicación. ¿Cuánto tiempo diario apartas para estudiar la Biblia? ¿Cuánto para orar? Si no puedes disciplinarte para eso mejor no te pares a enseñar - ya hay demasiada confusión en el pueblo, demasiadas palabras bonitas que no contienen nada.

Oremos al Señor que levante maestros en las congregaciones - hombres y mujeres llenos del Espíritu Santo - que alimenten a los seguidores del Señor con verdadero maná celestial. Jesús dijo: *"Yo soy el pan que descendió del cielo."* ¿Cuántos maestros hoy llevan el verdadero pan del cielo a las congregaciones hambrientas?

Todos los requisitos son importantes pero la aptitud para enseñar es imprescindible en un líder cristiano.

4-Requisitos de la personalidad

a) v.3 *"No pendenciero"* (En griego *plektes* - un golpeador). Se refiere a la persona que usa de la violencia física para imponer su autoridad. Indudablemente que tal tipo de líder queda rotundamente descalificado.

Toda palabra o acción iracunda, intimidatoria, irritada o de mal genio están prohibidas para el cristiano.

En contraste con esto dice Pablo que el líder debe ser:

b) "_amable_" v.3 (En griego *epiekes*). R.C. Trench comenta: "Este es el espíritu que corrige y remedia las injusticias de la justicia." Según Aristóteles, es la persona que tiene presente lo bueno en vez de lo malo, el bien que uno ha recibido en vez de lo bueno que ha hecho.

Sin duda que la personalidad del cristiano será prudente y moderada, con una actitud conciliadora, haciendo de pacificador en medio de situaciones explosivas, al punto de ser dulcemente razonable. Al punto de ser:

c) "_apacible_" (En griego *amachos*, que significa desinclinado para la lucha). El verdadero líder cristiano no desea nada tanto como la paz con su prójimo.

d) "_hospitalario_"- amigo de los desconocidos. En el libro El Pastor de Hermas del siglo II, está expuesto que un obispo "…debe ser hospitalario. Un hombre que, alegremente y en todo tiempo, dé la bienvenida a su casa a los siervos de Dios".

Para todo cristiano éste es un requisito de mucha importancia ya que a través de ser hospitalarios es como seremos bendecidos. Esto nos habla de un corazón generoso. Y la Biblia dice que el generoso será prosperado.

También agrega que muchos sin saberlo hospedaron ángeles. ¡Te imaginas! (Hebreos 13: 2)

e) "_No avaro_" significa "no codicioso de ganancias deshonestas".

Comentando estas cualidades negativas, J. Oswald Sanders dice:

> "La avaricia y su gemelo el amor al dinero, son factores descalificantes. En el ejemplo del ministerio espiritual, el líder nunca debe estar influido por las consideraciones de una recompensa financiera. Debe estar dispuesto a aceptar un cargo tanto si la remuneración es humilde como si es alta".

En otras palabras, lo que mueve a un obrero cristiano no es la paga, sino el deseo de amar y servir a su prójimo. Porque una cosa debemos tener clara, cuando trabajamos en el amor y el espíritu de Cristo, muchas veces nadie nos dará ni siquiera las gracias. Pero Aquél que todo lo sabe, un día en la eternidad, nos dará el galardón. ¡Y eso sí que de verdad importa!

5-Requisitos familiares

"Que gobierne bien su casa, que tenga a sus hijos en sujeción con toda honestidad" v.4

Hay historias muy tristes en el ministerio. También en la obra misionera. Pero creo que lo más triste es ver hijos de pastores o de misioneros apartados de los caminos de Dios.

La mayoría de las veces se debe sólo a una causa: el resentimiento. Estaban tan ocupados en la 'obra del Señor' que se olvidaron de ser padres.

Debemos aclarar, por cierto, que no siempre toda la responsabilidad es sobre los ministros del Señor. Especialmente cuando los padres son temerosos de Dios y los han educado en sus caminos. Tampoco debemos olvidar que la salvación no se hereda - siempre será una dedición personal. Un buen ejemplo para entender esto es la parábola del hijo pródigo.

Lo que sin duda todo discípulo u obrero cristiano, debe tener bien claro, es que la obra más importante que presentará a Dios en la eternidad, será cómo haya amado y enseñado a su familia.

No te engañes, primero es el sacerdocio familiar y cuando éste está bien fundamentado entonces sigues en la iglesia. En momentos en que vemos que la familia se desintegra en nuestra sociedad deberíamos tomar atención a que es lo más importante en la vida y concentrar allí nuestros esfuerzos.

Al respecto, el Dr. James C. Dobson, un especialista en temas familiares, dice en su libro: ¡Esto es ser hombre!:

> "¿Qué le pasa a una familia cuando el jefe designado no cumple su tarea? Consecuencias similares pueden observarse en una corporación cuyo presidente sólo pretende dirigir la compañía. La organización se desintegra muy pronto. El paralelo con la dirección de la familia es demasiado estremecedor para pasarlo por alto. En mi concepto, la necesidad más grande es la de esposos que empiecen a dirigir a sus familias en vez de dedicar cada recurso físico y emocional en la mera adquisición de dinero".

Es hora entonces, que el varón asuma el lugar que le ha sido designado por Dios. Allí está la clave para una familia cristiana.

¿Quieres servir al Señor? ¿Quieres ser un líder? Comienza entonces, dejando la comodidad porque si no sabes tomar responsabilidad en tu hogar, ¿cómo vas a ser útil en la iglesia?

¡Varones, Dios les llama!...pero no a grandes cargos, no a

sobresalir en el ministerio, no, no, no, los llama a la tarea más sublime, más honrosa y digna delante de Dios. A ser buenos padres. A ser esposos responsables. Creo que no hay límites para el hombre que aprende a amar y servir a su familia en primer lugar. ¿No te parece que una esposa apoyará a un hombre responsable? ¿Y los hijos? Ese hombre contará con el respaldo de su familia. Y ese es el mejor adorno que puede recibir un cristiano consagrado a su tarea.

¿Cómo es la relación con tu esposa? ¿Y con tus hijos? ¿Sientes que caminan juntos en la misma dirección? Hoy debes detenerte. Esto es fundamental. Sin familia no hay ministerio. No hay servicio; y lo que es peor, no hay respaldo de Dios.

¡O, que Dios nos ayude! Clamemos al Señor, le pidamos perdón por nuestra irresponsabilidad. Quebrantemos nuestro corazón, derramemos nuestro espíritu en la presencia de Dios hasta que él nos restaure.

Nota cómo continúa el v.5: *"Pues el que no sabe gobernar su propia casa, ¿cómo cuidará de la iglesia de Dios?"*

En conclusión, el orden es primero gobernar la propia casa y segundo como consecuencia, estaremos capacitados para cuidar la iglesia de Dios.

6-Requisitos de madurez

a) <u>*"No un neófito"*</u>, o recién convertido a la fe, un novato. La razón es bastante obvia, ya que un neófito no podrá tener el conocimiento ni la autoridad necesaria para dirigir la iglesia. Hoy en día podemos ver con preocupación los resultados de líderes que se levantan a sí mismos, y los que los siguen pagan las consecuencias. Ningún obrero puede levantarse sin el respaldo de una iglesia establecida. Si lo hace correctamente se le exigirá no sólo la preparación teórica, sino también la práctica; deberá demostrar que está dispuesto a servir y a obedecer en donde lo envíen.

Pero desgraciadamente los 'llaneros solitarios' están a la orden del día, y para colmo de la situación, siempre encuentran algún 'indio Toro' que ha salido en rebeldía de su iglesia y estará dispuesto a acompañarlo 'para apoyarle en el ministerio' - frase que suena muy espiritual.

Siempre nos encontramos con que estos personajes son neófitos y se adecuan perfectamente a la doble advertencia que señala Pablo.

- 1- *"No sea que envaneciéndose..."* Precisamente por su falta de madurez, el cargo puede hacer que caiga en la soberbia, y el orgullo espiritual siempre destruye al líder y a los que le siguen.
- 2- *"...caiga en la condenación del diablo."* Veamos algunas interpretaciones del significado de esta frase.

- Las Escrituras nos enseñan claramente que el orgullo causó la caída del diablo, hizo que Lucifer se rebelara contra Dios y fuera expulsado del cielo. Tal puede ser el fin del recién convertido.

- Puede significar también que si es promovido demasiado rápido se haga culpable de orgullo, y le da oportunidad al diablo para que la gente hable de él y desacredite el evangelio. Un líder es observado por el mundo, el cual está presto a criticarlo: "¡Allí tienen al cristiano! ¿Qué me dicen de lo que hace?"

La palabra *diabolos* tiene dos significados. Significa diablo, pero también calumniador. Es la misma palabra que se usa en el v.11 donde se prohíbe a las mujeres ser calumniadoras.

Concluyendo el análisis de estas palabras vemos que el recién convertido que ocupa un cargo y se ha envanecido, está dando a los calumniadores oportunidad por su mala conducta, a los mal dispuestos contra la iglesia, para criticarla y calumniarla.

Lo mejor que podemos hacer con los nuevos discípulos es no ascenderlos demasiado pronto para que no se enorgullezcan. Tampoco debemos reprimirlos para que no se desanimen. Siempre habrá tareas menores que pueden realizar mientras van aprendiendo que toda tarea es digna y de valor en el Reino de Dios.

Nunca será demasiado el tiempo de preparación, estudio y auto-sacrificio.

b) Debe tener *"buen testimonio de los de afuera"* v.7. Se refiere a una persona que tanto en su trabajo como en las cuestiones cotidianas de la vida haya sabido ganarse el aprecio y el respeto de sus semejantes en medio de la sociedad.

Lo que más daño causa hoy a la iglesia son ese tipo de cristianos que dentro de la congregación son muy activos y 'consagrados' pero que afuera, en sus negocios y vida social, desmienten lo que enseñan el domingo y reniegan de su fe ante una sociedad que necesita un testimonio claro del Cristo viviente.

Antes que nada, un líder cristiano debe ser una persona auténtica, honesta consigo mismo y con quienes le rodean.

Los diáconos – 3: 8-13

En el griego significa, "siervo", o "ministro". Esta palabra y sus derivados aparecen más de 100 veces en el texto griego del Nuevo Testamento pero la palabra diácono sólo tres veces en la Reina Valera.

En primer lugar designa al que desempeña un oficio determinado en la iglesia local.

Ellos no ejercen autoridad sobre la congregación - como en el caso de los obispos - y sus tareas son eminentemente prácticas, ya que se trata de administrar la ayuda caritativa para los más necesitados en el orden social.

Los diáconos se destacaban en el servicio en la santa cena y en los ágapes que celebraba la iglesia, reuniéndose para comer juntos y tener la comunión del amor cristiano.

En segundo lugar Pablo los designa en Filipenses 1:1 en íntima relación con los obispos, de tal manera que como vemos en este pasaje que estudiamos, los requisitos para el diaconado no difieren muchos de los del obispo.

Aunque toda la iglesia debe ejercer la diaconía, es también un don especial, como vemos en Romanos 12:7; 1 Pedro 4:11; *"los que ayudan"* en 1 Corintios 12:28. El que puede ser recibido tanto por hombre como por mujer.

a) Características de los diáconos.

Ver Hechos 6:1-7. Según el versículo 3 el diácono debía tener tres cualidades:

- tener buen testimonio
- ser llenos del Espíritu Santo
- llenos de sabiduría

Nombramiento: les impusieron las manos - eran una extensión

de los apóstoles- en lo que se refiere al servicio.

¿Cómo nace el oficio de diacono? Por una necesidad práctica: la atención a las viudas.

b) *Diaconisa:* Una sola mujer lleva ese título en el Nuevo Testamento. (Romanos 16:1.) La *"hermana Febe"* de la Iglesia de Cencrea.

Sin embargo, de esta referencia se deduce la existencia del oficio y la presencia de la mujer en la iglesia primitiva.

v.11 Probablemente aquí (¿esposa de los diáconos?) se puede tomar de dos maneras: 1) que se refiere a las esposas de los diáconos o 2) directamente a las diaconisas. Como quiera que sea la recomendación es por demás importante, porque tanto en la iglesia primitiva, como en la actualidad, hay determinadas clases de ayuda que sólo una mujer podría realizar apropiadamente para otra mujer.

Lo mismo sucede con las nuevas conversas al evangelio. Su discipulado debe estar en mano de otras mujeres que demuestren consagración y madurez. Se les prohíba ser chismosas. Ya sea hombre o mujer, un cristiano cuentero que repite confidencias es algo monstruoso y peligroso.

c) <u>*"Sin doblez"*</u>. Esta palabra "doblez" del griego *dilogos,* significa, hablar con dos voces, decirle una cosa a una persona y otra distinta a otra.

Si tenemos en cuenta que un diácono visitará la casa de los hermanos, y que muchas veces se encontrará con problemas complicados, muchas veces se verá tentado a eludir el enfrentamiento con un poco de oportuna hipocresía.

El diácono debe tener claro que su función es servir, ser útil, ayudar en nombre de la iglesia, aún en necesidades bien prácticas como comida, vestimenta, frazadas etc. y para confiarle todo esto, debe ser *"sin doblez"*. Debe ser alguien en quien se pueda confiar.

Cuando los cristianos se dejan seducir por una manera liviana en su conducta, poco a poco el diablo se va metiendo como la levadura en la masa; al punto que la conciencia se insensibiliza y empezamos a ser cristianos de doble personalidad, falsos, y esta hipocresía es la que más daño hace al cuerpo de Cristo.

Debemos tener el valor de hablar siempre la verdad. No debemos dejarnos engañar por el diablo pensando: "¿y si le digo al hermano que está mal y se ofende?" Si le dices la verdad en amor, es mejor que se ofenda, lo salvarás a él, a la iglesia de ser herida, y también a ti mismo, porque *"él que sabe hacer lo bueno y no lo hace le es pecado"*.

Hay una ilustración muy llamativa en el libro "El Peregrino" de Juan Bunyan, donde se describe una ciudad llamada la Ciudad de Buenas Palabras. En ella viven Voluble, el Sr. Contemporizador y el Sr. Buenas Palabras, cuyos antepasados pusieron nombre a la ciudad. Está el Sr. Halago, el Sr. Dos Caras, el Sr. Cualquier Cosa y el ministro de la parroquia, el Sr. Dos Lenguas.

Y toda esta sátira del escritor es la proyección figurada de lo que le puede pasar a la iglesia si se deja llevar sutilmente por la falsedad y la hipocresía.

No nos sorprendamos de encontrarnos por ahí algún Sr. Halago que nos quiera inflar nuestro orgullo. O también, ¿por qué no? cuidémonos que no surja de dentro de nosotros mismos, cuando menos lo esperamos, el Sr. Dos lenguas. En fin, el peligro siempre estará latente, pero gracias a Dios que nos ha dado las armas para andar en el Espíritu.

Por otro lado debemos esforzarnos cada día para ser mejores. Si fracasamos no debemos desanimarnos. El amor de Dios nos rodea y su perdón está a nuestro alcance cada día. 1 Juan 1:9. Sólo debemos confiar en su misericordia.

d) La importancia de ser responsables ante Dios v.13

Hay aquí dos buenas consecuencias para el cristiano que ejerce bien el diaconado.

1- *"Ganan para sí un grado honroso"* v.13ª. En otras palabras la fidelidad del diácono lo pone en honra ante la iglesia. ¿Cómo no respetar a una persona con estas características?

Involucra también, sin duda, la advertencia del v.10 *"sean sometidos a prueba primero y entonces ejerzan el diaconado."* Si el cristiano, pasa esta prueba de fidelidad en el servicio, (y esto no es de un día para otro ya que puede ser la trayectoria de toda una vida) entonces dice: gana un grado honroso. Lo que significa también que puede ser nombrado anciano o pastor o desempeñar un cargo de mayores responsabilidades.

Lo más importante, es que, debemos estar dispuestos a ser probados. Y Dios nos prueba de una sola manera: trabajando.

2- *"...y mucha confianza en la fe que es en Cristo Jesús"* v.13b. La fe verdadera en Cristo trabaja fuerte y con denuedo, de tal manera que el fruto es una fuerte confianza, una fe valiente, capaz de enfrentarse a cualquier situación con valentía.

Yo creo que es la fe del que ha sufrido pruebas y tentaciones; de aquél que sabe lo que es ser echado en el horno de fuego, como el oro, todas las veces que sea necesario, a fin de perfeccionarlo.

Y aquí vemos la importancia de por qué, un líder debe ir un paso adelante de aquellos a quienes dirige y le siguen.

El privilegio y la responsabilidad de la vida dentro de la iglesia – 3:14 y 15

Aquí encontramos la razón por la que se escribieron las epístolas pastorales: para señalarle a los hombres cómo debían comportarse dentro de la iglesia. El lugar donde encontrarían las 'respuestas cristianas' que traen luz y sabiduría para una vida de verdadero éxito.

Si recuerdan, ya vimos esto cuando consideramos el v.15 como el texto clave de la carta.

La palabra para "*conducirte*" es *anastrefesthai*. Describe lo que llamaríamos el andar y la conversación de un hombre. Describe toda su vida y su personalidad, pero especialmente en sus relaciones con otras personas.

El carácter personal de un miembro de la iglesia debe ser excelente y su relación con otros deberá ser una verdadera fraternidad (familiar dentro de la iglesia) por las siguientes cuatro razones:

a) La iglesia es la casa *(oikos)* de Dios. En primer lugar y ante todo, la iglesia debe ser una familia. Si la iglesia no es un grupo de hermanos, no es una verdadera iglesia.

b) La iglesia es la asamblea (*ekklesia*) del Dios viviente. *Ekklesia* es una comunidad de personas que han sido llamadas. Todos han sido llamados pero solamente los que han aceptado son la *ekklesia,* la asamblea, la iglesia del Dios viviente.

c) La iglesia es la columna de la verdad. En Éfeso la palabra columna tenía un significado especial. Ellos estaban orgullosos de ser templo. Era una de las siete maravillas del mundo; algo muy notable eran sus columnas. Había 127 columnas y cada uno de ellas era el regalo de un rey. Todas ellas eran de mármol y algunas de ellas tenían piedras preciosas incrustadas o estaban cubiertas de oro.

Tal vez la palabra no signifique tanto sostén, sino más bien exhibición. La estatua se pone sobre una columna con el objeto de que sobresalga y pueda ser vista claramente a la distancia. La ilustración aquí es que la iglesia tiene la tarea suprema de levantar la verdad de tal manera que todos la vean. Su deber es exhibir y demostrar la verdad.

d) La iglesia es el baluarte (*hedraioma*) de la verdad. El baluarte es el sostén de un edificio. Mantiene al edificio en equilibrio e intacto. En un mundo que no desea enfrentarse a la verdad ni escucharla, la iglesia sostiene la verdad para que, a pesar de cualquier circunstancia, todos puedan verla.

Hoy, más que nunca, hay muchos que destruirían con agrado la verdad de Jesucristo, les molesta. La iglesia sostiene la verdad con plena conciencia de que *"las puertas del infierno no prevalecerán contra ella."*

El misterio de la encarnación de Cristo – 3:16

Según los especialistas en el texto del Nuevo Testamento, este verso corresponde a un fragmento de uno de los himnos de la iglesia primitiva, en la que los cristianos cantaban su fe y expresaban su creencia.

Lo analizamos brevemente, porque tanto ayer, como hoy, la

verdad fundamental de la divinidad de la persona de Cristo es atacada por todo tipo de argumentos distorsionados, que no atienden a un sano estudio de la teología cristiana.

Este signo vital de Dios tomando forma humana, es lo que hace del cristianismo una fe que no puede imitarse. Y eso molesta demasiado a las tendencias diabólicas disfrazadas de humanismo ateo, y a las que más tarde el apóstol Pablo denominaría también "como la falsamente llamada ciencia."

1) *Dios fue manifestado en carne.*

Es como si se nos dijera "mirad a Jesús y veréis la vida como Dios la hubiera vivido si hubiera sido un hombre." Nos dice: "Mirad a Jesús y veréis la mente de Dios, el corazón y la acción de Dios, de una manera que los hombres puedan comprenderla."

El Creador caminó y vivió en medio de sus criaturas, identificándose con su dolor y la miseria como resultado del pecado. La Trinidad aquí se ve manifestada a través de la humanidad del Hijo. Tal es la descripción que se nos relata en la epístola de Filipenses 2:5-8. El Señor se hace siervo por amor. Ante semejante relato de un amor tan profundo no podemos más que adorarle con toda nuestra gratitud. Medite y examine en oración este maravilloso pasaje de las Escrituras hasta el verso 11 inclusive. Te quedarás asombrado de todo lo que el Espíritu Santo te revelará acerca de la persona de Cristo.

2) *Justificado en el Espíritu*

En el sentido de ser declarado justo (Ver también Romanos 3:4; Lucas 7:29,35). Debemos reconocer que es un versículo difícil y puede significar tres cosas:

a) Que durante todos sus días terrenales el Espíritu mantuvo a

Jesús sin pecado.

b) Podría significar que el poder y la acción del Espíritu que vivía en Jesús vindicaron sus declaraciones. Por la presencia del Espíritu en su ministerio Cristo quedaba justificado y se demostraba que todas sus pretensiones eran genuinas.

c) Podría ser una referencia a la resurrección.

No importa cómo interpretemos este versículo, ya que el significado es que el Espíritu, es el poder que probó que Jesús era lo que declaraba ser.

3) Visto de los Ángeles

a) Podría ser una referencia de la vida de Jesús antes de venir a la tierra.

b) Podría referirse a su vida en la tierra, aún en la tierra, las huestes oficiales vigilaban este tremendo enfrentamiento con el mal. En medio de la invisible nube de testigos los ángeles están mirando.

c) También puede referirse a las huestes espirituales de maldad (Efesios 6) cuyos poderes hostiles a Dios y a los hombres trabajaban para la destrucción de Jesús.

Más allá de que todo esto nos demuestra la perfecta divinidad de Jesucristo, también es notable como a su vez, nos proyecta una atmósfera sobrenatural que tiene lugar en la tierra en el mismo momento que Dios cumple Su palabra.

Paralelo a los relatos de cualquiera de los evangelios, podemos ver de principio a fin una guerra espiritual organizada con un solo fin: eliminar a Jesucristo. Lo que el diablo no podía prever, era que precisamente eso, era parte del perfecto plan de Dios -

que Jesús naciera y viviera su vida identificándose con el hombre y sus labores hasta el momento crucial en que daría su vida para redimir a la humanidad que tanto ama. Y paradójicamente, con el acto humillante de la cruz, ganar la vida para todos los que confían en El. (Leer con atención 1 Corintios 1:18-31), y disfruta de lo que parecía un acto *"insensato de Dios",* dejando a Jesús morir en la cruz del calvario. En semejante lucha espiritual que involucró al cielo mismo, el diablo nunca pudo imaginarse que sería vencido por un verdadero acto de amor*: "porque nos amó hasta la muerte y muerte de cruz".*

1 Timoteo 4

El servicio y el engaño de los falsos maestros – 4:1-5

La Iglesia primitiva, había heredado de los judíos la idea de que en el mundo las cosas irían de mal en peor, y que nunca mejorarían. Creían que estaba la era presente que era mala y estaba totalmente en mano de los poderes malignos y la era porvenir que iba a ser la era perfecta de Dios y de la bondad.

Pero en el medio de ambas eras se encontraba la lucha final, una batalla convulsiva.

Entre ambas edades vendría el Día del Señor. Habría una última batalla con el diablo, un último juicio universal y luego amanecería un Nuevo Día.

Esta es la imagen que tomaron los escritores del Nuevo Testamento, y una de las cosas que se esperaban en los últimos tiempos eran herejías y falsos maestros. Mateo 24:11; Marcos 13:22; 2 Tesalonicenses 2:4.

Esta gente había llegado a la iglesia de Éfeso. El origen de estas falsas enseñanzas provenía de espíritus y demonios malignos. Pero lo que debemos notar con atención es que lo hacían a través de los hombres.

Como un esclavo, que en la antigüedad se marcaba con una señal que lo identificaba a qué amo pertenecía, (como hoy se hace con el ganado) estos falsos maestros tenían sus conciencias marcadas por Satanás como parte de su propiedad.

Aclarando los Términos

Según el Diccionario Kapeluz de la Lengua Española, la palabra herejía significa: "doctrina contraria a las dogmas de la iglesia Católica. Afirmación o posición que se opone a los principios generalmente aceptados en cierta cuestión".

Debemos, en primer lugar, corregir y exponer claramente este concepto expresado erróneamente. Lo cual mirando desde el punto de vista de su origen, España, es correcto porque ellos creen que "Jesucristo" fundó la "Iglesia Católica", (cuando ésta en realidad fue fundada e impuesta por el emperador Constantino en el siglo III), la que a su vez es la religión oficial.

Vamos a ponerlo correctamente: "Herejía es toda doctrina contraria a los dogmas del cristianismo apostólico según lo documenta las Escrituras".

Los herejes de Éfeso estaban propagando una herejía con consecuencias definidas para la iglesia.

1 Timoteo1:3-7. En el trasfondo de las epístolas pastorales, hay una herejía que está poniendo en peligro a la iglesia – el gnosticismo.

Antes de conceptualizar esta filosofía hereje, debemos tener en cuenta dos características por las que eran influenciados los escritores:

- Fábulas: En la antigüedad poetas e historiadores inventaban narraciones ficticias y románticas rastreando una ciudad y el comienzo de una familia hasta llegar a los dioses.
- Genealogías interminables. Al mundo antiguo le apasionaban. Ejemplo: el Antiguo Testamento, con sus capítulos llenos de nombres, y en el Nuevo Testamento, con las genealogías de Jesús, en Mateo y Marcos.

De allí el peligro de que el cristianismo se perdiera en historias interminables de pura fantasía.

El gnosticismo - línea de pensamiento completamente especulativo. Partían de la base de que si Dios era completamente bueno no podría haber creado el mal, el pecado y el sufrimiento. Decían, por lo tanto que antes que comenzaran los tiempos ya existía la materia y enseñaban que esta materia era esencialmente defectuosa, imperfecta y maligna y que el mundo había sido creado partiendo de ella.

Así explicaban el pecado, el sufrimiento y la imperfección de este mundo.

Pero aquí se encontraban con otro problema: si Dios es santo y la materia mala, no podría haberla tocado, ni moldeado, ni formado las cosas con ella.

Para solucionar esto siguieron con sus especulaciones diciendo que Dios había lanzado una emanación; ésta había dado lugar a otra y así sucesivamente, una serie de emanaciones, hasta que una de estas emanaciones estaba tan lejos de Dios que pudo tocar la materia y crear al mundo.

Luego, continuaron enseñando que mientras más lejos, las emanaciones llegaban a tal grado, que se volvían contra Dios.

Luego identificaron al Dios del Antiguo Testamento con el Dios ignorante y hostil, y al Dios del Nuevo Testamento con el Dios verdadero y real.

Cada emanación tenía una biografía completa, llegando a crecer así, una complicada red de dioses y emanaciones, cada una con su historia, biografía y genealogía.

Estos falsos maestros se introdujeron en la iglesia y presentaban a Jesús como la personificación de la más grande de las emanaciones, la más cercana a Dios, uno más de la cantidad de dioses que conformaban la cadena.

Esta enseñanza hereje nos muestra dos características sumamente peligrosas:

1. Altamente especulativo y fuertemente intelectual. Enseñaban que esta alta enseñanza estaba fuera de la comprensión de la gente sencilla. Dirigida a una aristocracia espiritual a unos pocos elegidos. Por ello se le advierte a Timoteo (6:20); también contra lo que produce en medio de la iglesia, es decir, peleas en lugar de edificación (1:4). Al respecto se le ordena a Timoteo lo siguiente: 6:4; 2 Timoteo 2:16, 23.

2. Pensaban en dos dioses y en Jesús como uno más en toda una serie de mediadores entre Dios y el hombre. 1 Timoteo 2:5.

Resumen de su enseñanza:

1- Como la materia es mala, el cuerpo debe ser sometido, despreciado y oprimido, de allí las advertencias de 1 Timoteo 4:3

2- Como el cuerpo es malo no importa lo que el hombre haga con él, hay que permitirle saciar sus apetitos. 2 Timoteo. 3:6; Tito 1:16

3- No creían en la resurrección del cuerpo. 2 Timoteo.2:18. La diferencia básica es que el gnosticismo creía en la destrucción del cuerpo y el cristianismo en la redención del cuerpo.

Con todo, no hemos llegado todavía a la clara respuesta de Pablo a estos herejes, y sus consejos para erradicarlos de en medio del pueblo de Dios. Timoteo, cómo joven ministro del Señor, debería estar alerta en todo momento. Así como lo espera Dios de cada uno de nosotros, amando y cuidando a Su iglesia que fue comprada a precio de sangre.

La mentalidad del hereje

Casi siempre es la siguiente:

1- Se deja arrastrar por el deseo de encontrar novedades (la moda). La verdad no cambia, lo que cambia es su presentación.

2- Exalta la mente a expensas del corazón. (Se olvida de una experiencia personal con Cristo).

3- Le interesa más la discusión que la acción. Ejemplo: griegos y judíos.

4- Obedece a la arrogancia más que a la humildad. Su deseo es enseñar más bien que aprender. Desprecia lo sencillo.

5- Es culpable de dogmatismo sin conocimiento. En toda rama del conocimiento, se exige que las opiniones tengan una base razonable. La iglesia cristiana sufre más que nada hoy, por causa de un dogmatismo ignorante en doctrina, y en tradiciones.

Una llamada de atención nos hace la misma Palabra de Dios. Nos dice, que así como Dios y su Espíritu Santo, se encuentran trabajando activamente buscando hombres y mujeres que puedan ser útiles para Su reino, así también nos enfrentamos con una terrible verdad: Satanás y las fuerzas del mal, que le sirven, se encuentran atareadas con el mismo objetivo. Al diablo le encanta disfrazar sus mentiras como conocimiento intelectual. En la actualidad, lo encontramos en la fachada de parapsicología, desarrollo mental, Nueva Era, Niños de Dios, Osiris - sectas gnósticas, etc. ya que sería bastante largo de enumerar.

Hoy, más que nunca, podemos ver el avance desmedido del Satanismo, muchas veces disfrazado con nombres muy loables. El Espíritu Santo advierte a la iglesia claramente. Aquí se nos habla de hombres y mujeres creyentes, cristianos, que apostatarán de la fe, y tú sabes que el apóstata es el que niega o abandona su fe cristiana. La palabra es sinónimo de abjurar y de renegar.

¡Qué cierta es la Palabra de Dios! ¿Cuántos renegados cristianos vemos hoy? ¿Y qué sucedió? Hombres y mujeres llenos del Espíritu Santo los vemos con dolor lejos de los caminos de Dios.

Prestemos atención, aquí está la respuesta: espíritus engañadores,º que según Pablo, estarían metidos en la iglesia, porque dice que los cristianos *"los escucharían"*. ¡Analizar esto es tremendo! *"Doctrinas de demonios"*. Fíjense cómo el diablo tiene sus maestros especialistas que se infiltran en el pueblo de Dios para engañar.

¡Cuántas novedades hay hoy! ¡Cuántas modas! - aún dentro de la iglesia - tal como pasaba al pueblo de Israel- Les había sido confiada la LEY por medio de los ángeles, y sin embargo, ellos levantaban altares a ídolos abominables, que representaban demonios y les adoraban. Pretendían mezclar el servicio de Dios, con el servicio al diablo - ¡La verdad con la mentira!

¡Cuánto tenemos que abrir nuestros ojos! Es tan importante ayunar y orar, especialmente por los líderes. El diablo está desesperado - quiere destruir la iglesia de Jesucristo, y como sabe que le queda poco tiempo está infiltrando gente en las iglesias – el objetivo son los líderes y a sus familias. *"El vino para robar, matar y destruir"* - esa es su misión. Debemos tener mucho cuidado de que los frutos del Espíritu Santo, sean reales en aquellos que se ofrecen para servir en el ministerio (¡el diablo apunta alto!) 2 Corintios 11:13-15.

Versículo 3. Aquí se nos demuestra que toda prohibición antinatural, en contraposición con la Palabra de Dios, tiene sus raíces en *"doctrinas de demonios."* En oposición a esto Dios les dijo a Adán y Eva: *"Fructificad y multiplicaos."*

Versículo 4. Una verdad fundamental: todo lo que Dios crea es bueno. Y así lo afirma también el relato de la creación. Si hay ahora algo malo se debe al pecado. Aun así, dice Pablo nada debe desecharse *"si se toma con acción de gracias."*

A veces hacemos oraciones por costumbre. Por ejemplo: dar gracias por los alimentos. Quiero que tomes nota de lo que sucede cuando oramos por los alimentos: 1) damos gracias 2) invocamos la Palabra de Dios 3) el resultado: es santificado.

Entonces, la acción de gracias por medio de la Palabra de Dios santifica los alimentos, o cualquier cosa por la cual oremos y que Dios ha creado. ¿Se ha preguntado cuántos alimentos dejarían de dañar nuestro estómago si nos detuviéramos más a menudo para santificarlos en oración en el Nombre de Jesús?

He aquí la fórmula para mejorar nuestra salud. ¡Demos gracias y santifiquemos nuestros alimentos! Dios quiere que tengamos buena salud.

Recuerda entonces:

"Porque todo lo que Dios creó es bueno, y nada es de desecharse, si se toma con acción de gracias; porque por la palabra de Dios y por la oración es santificado". (1 Timoteo 4:1, 2).

Retrato de un joven que ama a Dios – 4:6-9

Este es un pasaje lleno de consejos prácticos, no sólo para Timoteo, sino también, para todo cristiano que tiene a su cargo una tarea de responsabilidad en la iglesia. Teniendo en cuenta que toda tarea por más pequeña e insignificante que parezca, delante de Dios tiene mucho valor, por el espíritu con que se la hace.

Un hombre puede hacer una pequeña tarea con un espíritu de grandeza, y eso se transmite. Pero también puede hacer una gran tarea con un espíritu mezquino y egoísta. Eso también se transmite.

Lo que importa no es el tamaño de la tarea que nos ha sido encomendada, sino el espíritu con que la hacemos.

1- Nos dice con qué espíritu debemos enseñar a otros v.6. La palabra en griego no significa dar órdenes sino aconsejar, asesorar, señalar, sugerir. Es una palabra dicha de manera amable, humilde y modesta.

La dirección amable será siempre más efectiva que la

imposición arbitraria porque será hecha con amor.

2- Se nos dice cómo debemos prepararnos para una tarea tan importante como es la enseñanza. Nota que el consejo a Timoteo es *"nutrido con las palabras de fe"*.

Nadie puede dar sin recibir. Él que desea enseñar debe estar continuamente aprendiendo. Su ocupación debe ser un estudio serio de los temas fundamentales. Debe buscar y conocer diariamente a Jesucristo, así podrá llevar a otros a los pies de su Señor.

3- Pablo le aconseja a Timoteo lo qué debe evitar: habla de fábulas profanas y de viejas; en otras palabras hay que evitar cuentos que no llevan a nada, como los cuentos que las viejas cuentan a los niños. Evitar la charlatanería.

Mantenerse en el centro de la fe. Alimentar la mente con las grandes verdades de la fe.

4- Le aconseja lo qué debe buscar v.7. Le muestra lo esencial de una vida de piedad.

Para ello usa una figura muy conocida.

* En el mundo antiguo los gimnasios eran lugares peligrosos, porque la sociedad estaba dominada por la homosexualidad, y los gimnasios, eran la almáciga de este pecado en particular.

* Le hace una comparación. El entrenamiento corporal y físico es bueno, casi esencial; pero su uso es limitado, sólo desarrolla parte del hombre, y sólo produce resultados temporarios. No así entrenarse en la piedad, en el bien que desarrolla todo el hombre, cuerpo y espíritu, y su resultado no sólo afecta esta vida pasajera sino también la eternidad. El cristiano no es el atleta del gimnasio sino el atleta de Dios.

El mismo sacrificio y disciplina del atleta nos muestra que el camino de la vida cristiana no es fácil. Pero su meta es Dios. Por eso el cristiano está dispuesto a sobrellevarlo todo porque confía en Dios. Lo grandioso de la meta hace pequeño aun el más grande sacrificio.

Acallando la crítica – 4:10-16

La gran dificultad que tendría que superar Timoteo era su juventud, sin embargo no lo dice porque Timoteo fuera un adolescente. Hacía 15 años que estaba asistiendo a Pablo. Aquí la palabra *"juventud"* designa a alguien que está listo para prestar el servicio militar – en este caso - hasta los 40 años. Los cánones apostólicos establecieron más tarde que nadie podía ser obispo antes de los 50 años porque para entonces *"habría superado las incoherencias juveniles"*.

Así que, como Timoteo era joven en comparación con Pablo, habría muchos ojos críticos vigilándolo. El único consejo posible para Timoteo es el mismo para todo joven que ama a Jesús y desea servirle. Timoteo debía silenciar cualquier crítica con su conducta.

Se dice de Platón, el gran filósofo griego, que en una ocasión fue acusado falsamente, a lo que él respondió: "Bien debemos vivir de tal manera que todos vean que la acusación es falsa".

La discusión y la defensa verbal nunca puede callar a los chismosos, la conducta sí.

Habiendo entendido esta situación pasamos a ver las características de la conducta que debía tener Timoteo, y que siguen vigentes hoy para todo el que quiera servir a Jesucristo. Son cualidades personales que muestran la madurez y el carácter del líder.

1) Debía haber amor. En este caso la palabra es *ágape*, cuyo verdadero significado es de benevolencia invencible. Es una de las más grandes virtudes cristianas.

Si un cristiano lleva dentro el amor ágape, no importa lo que le hagan o lo que le digan, siempre buscara el bien de los demás; nunca será resentido ni vengativo; nunca se permitirá odiar a nadie; tiene el espíritu que hubo en Cristo Jesús.

Generalmente el amor es algo que pertenece al corazón; pero es evidente que este amor cristiano es algo más; pertenece a la voluntad, una voluntad fortalecida, o mejor, conquistada por el Espíritu Santo - amor sobrenatural, amor que fluye de un corazón regenerado.

Es una conquista del ser que nos hace capaces de desarrollar una invencible preocupación por los demás. La primera señal que otorga autenticidad al líder cristiano es que se preocupa por los demás, sin importarle lo que los demás le hagan.

Debemos estar atentos a no ser tan quisquillosos, y ofendernos con demasiada facilidad. Siempre están en juego los planes de Dios y nosotros podemos echarlos a perder.

2) Debía haber fe. La verdadera fe es una fidelidad incondicional a Cristo. Es estar dispuesto a pagar cualquier precio por amor al que nos amó.

No es difícil ser buen soldado en la fe cuando estamos bien y nada nos falta, "pero el soldado realmente valioso es aquel que puede luchar bien cuando su cuerpo está cansado, y su estómago vacío; cuando la situación parece irremediable y cuando está en medio de una campaña cuyos movimientos no puede comprender." Y esto es lo que muchas veces nos sucede. El verdadero líder sabe desafiar las circunstancias.

3) Debía tener pureza. Siempre fue esta cualidad la que demostró al mundo el poder de Cristo. Si no estamos dispuestos a vivir en pureza es porque no hemos entendido que la misma Biblia nos advierte que *"sin santidad nadie verá al Señor"* (Hebreos 12: 14).

Sólo una vida santa cuenta con el respaldo de Dios. Si el mundo será impactado lo será sólo cuando la iglesia demuestre que "produce los mejores hombres y mujeres del mundo." Lo que te respalda es una vida que sigue las normas de Jesucristo y no las normas del mundo.

En qué debe ocuparse un líder (13-16)

En otras palabras, debe estar consagrado a su trabajo, que tiene como meta la salvación de los oyentes. Por eso Pablo le da a Timoteo un modelo, de cómo debe desarrollarse un culto o reunión cristiana:

a) Leer y exponer las Escrituras. La gente no se reúne a escuchar nuestras opiniones sobre la vida cristiana sino para oír la Palabra de Dios. Todo culto cristiano debe tener su enseñanza centrada en la Biblia. Si tuvieran en cuenta este detalle esencial, muchas iglesias no estarían sufriendo, como sucede hoy una 'ensalada doctrinal' que cuando es digerida sólo produce desorientación. No se puede usar la Biblia para justificar cualquier expresión dudosa. El profeta del Antiguo Testamento advierte al pueblo de los falsos maestros y falsas profecías cuando les decía: *"A la ley y al testimonio, si no dijeren conforme a esto, es porque no les ha amanecido."* No debemos tener miedo. No debemos dudar.

b) En la iglesia se debe enseñar. El cristiano debe saber explicar la esperanza que hay en él. Además, ¿cómo pueden los cristianos recién iniciados comprender la Biblia, si alguien no les enseña? De nada vale predicar a la gente que deben hacerse cristianos, si no se les explica cómo.

El líder cristiano es alguien que se aparta de las cosas comunes de esta vida, para dedicar horas de estudio y meditación. Una iglesia que no es alimentada no puede tener una fe duradera.

c) En la iglesia se debe exhortar. Todo está relacionado: la enseñanza debe hacerse de manera que empuje a los oyentes a hacer algo. Alguien ha dicho que todos los sermones deberían finalizar con el desafío: "¿Qué haremos, con respecto a esto, amigos?"

El cristianismo es verdad en acción, de otra manera no sirve.

d) En la iglesia debe prevalecer un espíritu de oración. Todo lo anterior no tiene sentido sin la oración. En la oración nos encontramos con Dios y con nosotros mismos. Se ora en el poder del Espíritu Santo de manera que Él pueda tomar la dirección de nuestras vidas.

Luego, si queremos servir a Dios no debemos olvidar quiénes somos. Nuestra tarea deja de ser común para ser una tarea especial.

Nota cómo cada cristiano es exhortado a no descuidar su don. En ocasiones el tiempo va pasando, y nos va haciendo cristianos desahuciados, en vez de cristianos llenos del Espíritu Santo.

Nuestro progreso en primer lugar, no depende de la ayuda de otros, ni del ayuno, ni de la oración. Todo esto es parte importante, pero debe ir acompañado de una verdadera entrega al señorío absoluto de Cristo.

Si no quieres que nadie *"tenga en poco tu juventud"*, si no deseas sentirte menos que otros, Pablo te da un consejo perfecto en las siguientes palabras: *"Ocúpate; permanece; ten cuidado de ti mismo; persiste."*

Entonces nunca debemos olvidar que Dios ha confiado en nosotros, y si tienes dudas mira a la iglesia, ella cree en ti, el Espíritu habla y da testimonio a través del cuerpo.

Otra versión de los versículos 14 y15. *"No descuides el don que posees, que se te concedió por indicación de una profecía con la imposición de manos del colegio de responsables. Cuida de esas cosas y dedícate a ellas, para que todos vean cómo adelantas."*

Y créeme, que en tu corazón tú recuerdas el día que Dios te llamó para servirle, ¿Verdad? ¿Qué estás haciendo?

Ocúpate - permanece - ten cuidado- persiste. Son todas palabras que denotan acción. En el Reino de Dios no hay vacaciones. Hay vida y por lo tanto hay acción.

Tienes que recordar tu deber de pensar en estas cosas. Hay que cuidarse de la pereza intelectual y la mente cerrada. Todo líder corre el peligro de olvidarse de estudiar y llevar a sus ovejas por caminos gastados. Tiene unas cuantas ideas favoritas y de allí no sale. El líder cristiano debe ser un pensador cristiano, o fracasará en su tarea - un aventurero del pensamiento durante toda la vida.

No debemos olvidar el deber de concentrarnos. Un activismo repartido en infinidad de tareas es sumamente peligroso. El único deber es concentrarnos en aquello para lo que fuimos llamados.

Debemos tener cuidado de nosotros mismos. Yo soy mi primer enemigo. Pablo decía: *"golpeo mi cuerpo y le obligo a obedecerme."* Otra cosa no es más que pereza - cuidado de mi mismo y de con quienes tengo amistad. Debemos cuidar que estemos progresando. Y eso debe ser evidente a todos, para nuestro bien y el de quienes nos siguen.

Concluimos entonces, de que una vida de consagración, estudio, sacrificio y dedicación nos han formado para ser cada vez más parecidos al modelo divino, es decir, Jesucristo nuestro amado Señor.

1 Timoteo 5

La difícil tarea de reprender – 5:1 y 2

Pero eso no quita que sea necesaria. Lo mismo que en el seno familiar, debemos hacerlo con amor. Más difícil es, si a quien debemos reprender es una persona mayor. Sin embargo, hacerlo correctamente con amor pero con firmeza puede salvar a esa persona de consecuencias mayores.

Es clara la comparación de cómo debemos hacerlo, según de quien se trate: con amor fraternal y con toda pureza.

El deber de la iglesia con la familia – 5:3-8

La iglesia cristiana heredó la honrosa tradición de caridad para los necesitados. El pueblo judío siempre se preocupó por los necesitados y por los ancianos.

Aquí se trata del cuidado de las viudas. Lo primero que se recalca aquí es que la iglesia no se proponía asumir la responsabilidad por aquellas personas ancianas cuyos hijos vivieran y estaban en condición de mantenerlas. Esto era una tradición en la antigüedad. Y ni allá, ni aquí ahora, la iglesia hubiera aceptado que los hijos evadieran su responsabilidad con sus padres ancianos o desprotegidos.

Es llamativa la frase que dice: *"aprendan éstos primero a ser piadosos para con su propia familia y a recompensar a sus padres"*, (v.4). Hoy vivimos días en que toda huella de amor afectivo de los hijos hacia los padres pareciera haber desaparecido. La misma Biblia nos advierte cómo serian los hijos en las sucesivas generaciones: *"desobedientes a los padres, necios, desleales sin afecto natural"* (Romanos 1:30b, 31ª), entre tantas otras cosas.

Que eso suceda en el mundo no nos asombra, pero ¿cómo puede suceder lo mismo entre quienes se llaman cristianos?

Otros esperan que el estado haga lo que ellos no asumen como responsabilidad privada.

Para San Pablo ayudar a los padres significa por lo menos dos cosas. En primer lugar, es honrar al que recibe, porque así el hijo puede demostrar el honor, la estima y el agradecimiento que está en su corazón. En segundo lugar, es admitir los reclamos del amor. La deuda de amor solo se la honra con más amor.

Sin embargo no debemos olvidar que hay padres difíciles. Por lo tanto así como el deber del hijo es sostener a su padre anciano, el deber del padre es el de comportarse correctamente dentro de la estructura del hogar.

Hoy es importante que ninguna persona deje de tomar recaudos, previendo el futuro en lo posible. ¿Para qué cargar a los hijos con una responsabilidad tan grande en días tan difíciles si podemos evitarlo?

En conclusión, los hijos, en caso de ser necesario, deben asumir su responsabilidad con alegría. *"Porque esto es lo bueno y agradable delante de Dios."* v.4b

v.5. Aquí tenemos el espejo de una vida entregada completamente a Jesucristo en contraste con el v.6 de una mujer que toma su estado de viudez en forma liviana. Por ello la insistencia de. Pablo en el v.7.

Asumiendo la ancianidad con honor y servicio – 5:9 y 10

Aquí vemos con claridad que la iglesia tenía un registro oficial de viudas.

En las normas posteriores de las constituciones apostólicas, que nos relatan cómo era la vida y la organización de la iglesia en el siglo III, se establece:

> "Se nombraría a tres viudas, dos para perseverar en la oración por aquellos que están en tentación, y para recibir revelaciones, cuando éstas son necesarias, y una para asistir a las mujeres visitadas por la enfermedad; debe estar lista para el servicio, ser discreta; que comunique a los ancianos lo que sea necesario; no debe ser avara, ni amante del vino, de modo que pueda estar sobria y capacitada para llevar a cabo tareas nocturnas y otros deberes de amor".

Como vemos entonces, era un verdadero ministerio de servicio y amor el ser reconocidas por la iglesia.

Por supuesto que no eran ordenadas igual que los ancianos y obispos, pero se las apartaba por medio de la oración para las tareas que debían realizar.

Y sólo después que hubiesen cumplido 60 años. Edad en que para el mundo antiguo una persona estaba apta para la concertación en la vida espiritual.

Las epístolas pastorales, siempre con su tono práctico, nos describen siete cualidades que debían satisfacer las viudas de la iglesia.

1- Debían haber tenido un sólo marido, ya que vivían en una época en que el matrimonio era considerado ligeramente y deshonrado. Debían ser ejemplo de pureza y fidelidad.

2- Debían haber ganado una reputación demostrada por buenas obras.

3- Debían haber criado hijos.

4- Deben haber sido hospitalarias. En el mundo antiguo las posadas eran sumamente sucias, caras y también inmorales. Las puertas abiertas de un hogar cristiano son siempre una gran bendición, ya sea al viajero que se siente extraño en un lugar lejano, o a la gente joven que por su trabajo o estudio están lejos de su hogar.

5- Deben haber lavado los pies a los santos. No es necesario tomarlo literalmente, aunque se incluye el significado literal. Era la tarea más baja, la de los esclavos. Significa que las viudas debían haber estado dispuestas a aceptar las tareas más humildes por amor de Cristo y los suyos.

6- Deben haber ayudado a los que tuvieran problemas y estuvieran presos. En los días de persecución era identificarse con ellos y correr el riesgo de ser llevados a igual castigo y encarcelamiento.

7- Debían haber practicado toda obra buena.

Las viudas jóvenes - 5:11-16

No es que se condene a las viudas jóvenes por casarse de nuevo sino mas bien, se les advierte que no hagan votos a la ligera en la amargura de la pena reciente.

En la iglesia primitiva era costumbre que las viudas consagraran sus vidas totalmente al servicio de Cristo y de la iglesia. Se decía entonces, que tomaba a Cristo como esposo y ella misma era esposa de la iglesia. Si luego deseaba casarse de nuevo se interpretaba como que rompía su vínculo matrimonial con Cristo. Era mejor no hacer el voto que luego romperlo.

Esto era además, complicado por el escenario social de la época. Era imposible para una mujer soltera o viuda ganarse la vida honradamente. Al estar todo trabajo o profesión en manos masculinas, el resultado era inevitable – estaba casi obligada a ejercer la prostitución para sobrevivir.

Teniendo en cuenta el contexto que vivía una mujer soltera, cuando se escribe este pasaje, entendemos que la alternativa era casarse o dedicar su vida completamente al servicio de la iglesia.

Sin embargo, la holgazanería encierra los mismos peligros en cualquier época o generación.

El peligro era que la mujer en esta situación, al no tener suficientes cosas para hacer, se volviera inquieta y se dedicara a andar de casa en casa y allí es inevitable el peligro de hablar lo que no se debe.

El v.13 es bastante ilustrativo de este tipo de personas, y aclaro que esto vale para hombres o mujeres.

"Andariegas...ociosas...chismosas...entrometidas."

Ocioso/a: que está desocupado o sin hacer nada.

Ociosidad: vicio de no trabajar (sinónimo de haraganería, holgazanería).

Entrometido/a: que tiene costumbre de intervenir en forma indiscreta en asuntos ajenos.

Chismoso/a: que es aficionado a contar chismes.

Chisme: noticia verdadera o falsa que se cuenta para indisponer a una persona con otra o para desprestigiar a alguien (sinónimo de cuento, habladuría, murmuración).

Como se pueden dar cuenta, una persona que viaja de *"casa en casa"*, mezclando los ingredientes de esta ensalada de maldad, puede indigestar al cristiano más sano. De allí la advertencia: "el diablo siempre encuentra algo que hacer para las manos ociosas."

Así que el consejo para estas mujeres jóvenes es que se casen y que se dediquen a la tarea más noble de todas, criar una familia y formar un hogar.

Administrando la iglesia de manera practica – 5:17-22

Veremos aquí algunas normas prácticas para la vida en comunidad dentro de la iglesia.

1- Se debe honrar adecuadamente a los siervos de Dios

La palabra anciano y obispo se usan indistintamente en las cartas de Pablo para referirse a las mismas personas. Es decir, a los supervisores o encargados de obra quienes eran verdaderos pastores del rebaño.

Era costumbre en la antigüedad cuando se trillaba el trigo, no ponerle bozal a los bueyes de manera que pudieran comer todo el trigo que desearan como premio por el trabajo que realizaban (Deuteronomio 25:4)

Las palabras de v.18: *"digno es el obrero de su salario"* pertenecen a Jesús, (Lucas10:7). Y probablemente el citó un proverbio. La persona que trabaja merece su sostén, y cuánto más trabaja más debiera recibir.

El cristianismo nunca ha predicado superficialmente que todos deben tener el mismo salario. Las Escrituras no enseñan esto. Lo que sí enseña es que cada uno debe recibir de acuerdo al trabajo realizado, según la dedicación y el esmero que se ha puesto en ello.

Miremos bien el texto: ¿cuáles son los ancianos que deben ser honrados y retribuidos?

Específicamente aquellos que trabajan en la predicación y la enseñanza.

No se refiera a aquellos que se limitan a dar consejos y

recomendaciones de manera superficial.

Se refiere a aquellos hombres que trabajan para edificar la iglesia, con la predicación de la verdad a la gente.

Trabajan enseñando y educando a los más jóvenes, y nuevos conversos en la fe.

Ahora bien, ¿cuántos de los hombres que trabajan de esta manera hoy, son honrados por sus iglesias? ¿Quién les reconoce sus horas de estudio incansable, de prepararse en oración para dar la palabra? Muchas veces termina la reunión y usted se va a su casa a descansar. El pastor llega a su casa y tiene que comenzar a preparar la enseñanza para el día siguiente.

¿Y qué tranquilidad en su espíritu cree usted que puede tener un pastor para estudiar, orar, preparar mensajes que llevan horas de concentración, cuando su iglesia no le honra ni le provee?

Creo que en estos días hay mucho egoísmo en la iglesia. Muchos van a tener que dar cuentas el día final por haberle robado las bendiciones a su pastor. Muchos pastores hoy no pueden desarrollar la obra de Dios por falta de tiempo. Tienen que alimentar a su familia y trabajar en cualquier cosa por un salario más digno en el mundo.

¿Saben por qué? Porque la iglesia le roba el diezmo y las ofrendas a Dios. Y así también le roban el salario al pastor. Aquí hay una seria advertencia: *"No pondrás bozal al buey que trilla."* Hay muchos cristianos que en vez de dos bolsillos tienen dos bozales. Son socios del diablo en el trabajo de embozalar a su pastor. Parece que mientras más pobre tengamos al pastor se va a mantener más espiritual.

Una iglesia que no diezma y que no ofrenda con generosidad,

hará que su pastor ande oprimido y preocupado, no solo por su familia sino también por las deudas de la iglesia. Hoy Dios le está reclamando a la iglesia que pague el salario a sus siervos.

Si deseas prosperar no seas torpe. La bendición viene de arriba para abajo, de Cristo que es la cabeza pasa a tu pastor para derramarse a la iglesia. Dios no va a cambiar el orden establecido.

Si has estado embozalando al siervo de Dios por tu avaricia, entonces, ahora sabes por qué no estás prosperando. Pide perdón al Señor y ora: "Señor reconozco mi pecado. Hoy abro mis manos con generosidad. Quiero bendecir al siervo que Tú has puesto en la iglesia. Y así disfrutar yo también de tus bendiciones."

"Sean tenidos por dignos de doble honor" ¿Quiénes? *"...los que gobiernan bien..."* No puede haber descuido en un siervo de Dios. De ello depende el bienestar de la iglesia. (Romanos 12:8; 1 Tesalonicenses 5:12)

"Mayormente..." Esta palabra es significativa porque pone en un lugar de privilegio *"a los que trabajan en predicar y enseñar."*

No te olvides, tu pastor es *"digno de doble honor"*. No se necesita mucho para honrar a alguien, sólo buena disposición, ganas de dar amor..."*porque más bienaventurado es dar que recibir."*

¿Cuánto tiempo hace que no le das una palabra de aliento a tu pastor? ¿Qué sabes de su soledad...o de su necesidad? ¿Qué sabes si no necesita una mano amiga que se pose sobre su hombro? No hace falta mucho para dar un fuerte y cálido apretón de manos acompañado de una sonrisa, o acompañado de una frase de reconocimiento, que como todo ser humano también lo necesita. Es más, Dios dice que la merece, porque se preocupa por tu bienestar. Que bien hace una pequeña tarjeta, un libro o lo que se te ocurra.

¿Cuántas veces un grupo de hermanos se juntan para saber las necesidades de su familia o de sus hijos o de su esposa?

Hay muchos que creen que porque un hombre es pastor, él y su familia son como ángeles y nunca pueden necesitar nada.

No solamente busques al pastor, para que tr aconseje, ore por ti y te ayude en tus problemas - búscalo también cuando ande bien - y bendícelo en el nombre del Señor... El que aprende a bendecir es bendecido y dice Proverbios: *"el generoso pensará generosidades y por sus generosidades será exaltado."* Es imposible para el diablo enredar la vida de un hombre que continuamente piensa generosidades.

2- El deber de no acusar sin fundamento v.19

De hecho que también así la ley judía lo establecía. *"No se tomará en cuenta a un solo testigo contra ninguno en cualquier delito ni en cualquier pecado en relación con cualquier ofensa cometida, sólo por el testimonio de dos o tres testigos se mantendrá la acusación."*

La Mishnah, la ley rabínica codificada, al descubrir el proceso de un juicio dice: "El segundo testigo era igualmente traído y examinado. Si se encontraba que el testimonio de los dos coincidía se abría el caso para la defensa."

De manera que ningún cargo con un sólo testigo era válido. Y esto era importante porque tanto en el contexto de la época como ahora, no faltarían personas maliciosas que tratarían de desacreditar a los pastores, especialmente como desquite por haber sido reprendidos o llamados al orden.

También esto es una llamada de atención, en primer lugar, para no ser apresurados a juzgar a nadie y menos a nuestros hermanos en la fe. Y en segundo lugar, porque las habladurías irresponsables y maliciosas hacen un gran daño al cuerpo de Cristo. Y Dios no dejará de castigar dichas ofensas. Entendamos bien - no debemos decir con nuestra boca nada que avergüence a la Iglesia ante el mundo, al contrario, estamos llamados a ser *"la luz del mundo."*

3- Se debe reprender públicamente a los que persisten en pecar v.20

Esto te llamará la atención o parecerá demasiado duro. Pero tenemos confianza en la palabra de Dios. Esta represión en público despertaba la vergüenza del aludido y hacía que considerara seriamente su comportamiento.

Y seguramente, nadie querría verse envuelto en una humillación semejante. Cada pastor sabrá cuando callar o cuando reprender públicamente. Lo importante es que la Iglesia nunca dé al mundo la impresión de que está tolerando el pecado.

4- Se debe realizar la tarea diaria en la iglesia sin favoritismos v.21

"El bienestar de toda comunidad depende de la disciplina imparcial." D.S. Easton.

Tal como expresa este verso La Biblia Para Todos: *"Dios, y Jesucristo, y todos los ángeles que Dios ha elegido, están escuchando lo que te voy a decir: Obedece todo lo que te he ordenado hacer y sé justo con todos, sin tener favoritos".*

5- Se debe imponer las manos con detenimiento v. 22

En la iglesia primitiva se imponía las manos, por lo menos, en estos dos casos:

a) Cuando se ordenaba a una persona para un cargo en la iglesia. Aún en el mundo, para promover a una persona a un mayor puesto debe pasar una prueba de idoneidad. Con mayor razón si se trata del Reino de Dios. Debe dar prueba de que merece una posición de responsabilidad en la iglesia.

b) En la iglesia primitiva se acostumbraba a imponer las manos, sobre las personas apartadas, que dando prueba de su arrepentimiento, volvían a ser recibidas en el seno de la iglesia.

Un consejo medicinal – 5:23

Aquí podemos notar la intima amistad que unía a Pablo y Timoteo, demostrada por un consejo cariñoso acerca de la salud del joven.

En el pueblo judío existía el voto de nazareato (Números 6:1-21). Entre esos votos se contaba no tocar ni probar ningún producto de la vid. Entre esta enseñanza y también la de los gnósticos griegos que enseñaban un ascetismo que arruinaba y maltrataba el cuerpo, se encontraba Timoteo, de madre judía y padre griego.

La primera verdad aquí es que debemos aprender a cuidar nuestro cuerpo. Deseamos servir adecuadamente al Señor y no podremos hacerlo si no estamos físicamente aptos.

No hay ninguna virtud en descuidar nuestra salud. El texto tampoco aconseja a nadie a entregarse con exceso a la bebida.

Lo que sí enseña claramente es que no hay ninguna virtud en prohibiciones que hacen más daño al cuerpo que bien.

Para Dios no hay secretos – 5:24 y 25

Se nos establece aquí con claridad cuál debe ser nuestra actitud ante circunstancias adversas que no comprendemos. Especialmente aquellas relacionadas con otras personas.

A veces sufrimos innecesariamente, por no dejar las cosas en las manos de Dios, y contentarnos. Hay pecadores obvios cuyo comportamiento los está llevando al desastre y al castigo. También hay pecadores en secreto, que detrás de una fachada muy recta y religiosa viven vidas desagradables. Pero hay algo que no debemos olvidar: nadie puede esconderse al ojo de Dios.

Alguien dijo: "Dios no paga todas las semanas". Pero tarde o temprano nadie puede evadir encontrarse con la justicia de Dios.

Por otra parte hay gente cuyas obras son alabadas por todos (Mateo 6:2); también los que nunca han sido reconocidos, ni apreciados, ni valorados. Si así fuera en tu caso, no te desilusiones, Dios sabe quién es quién; conoce la obra de cada uno y lo premiará conforme a su trabajo. ¿Y no es mejor, acaso, recibir la recompensa en el cielo que el aplauso de los hombres? (Mateo 6:4, 6, .18b)

1 Timoteo 6

Honrando al hermano que confía en nosotros - 6:1 y 2

Mirando el contexto de este pasaje, los esclavos cristianos se encontraban ante una situación difícil. Había esclavos de amos paganos que podrían envanecerse por haber recibido la salvación, considerando a su amo como seguro huésped del infierno. Se sentirían, entonces, tan superior que se volverían intolerables.

Ahora si el cristiano era el amo, el esclavo trataría de sacar ventajas de la situación.

En esos días, la iglesia no se oponía directa ni violentamente a la abolición de la esclavitud. Sabía que por el camino de la violencia fracasaría. Antes bien, con sabiduría, la Palabra de Cristo penetró lentamente en la sociedad de la época. La predicación del evangelio fue cambiando el corazón de los hombres y el amor de Cristo ganó una batalla, que ni siquiera el célebre Espartaco con el violento levantamiento de esclavos, soñó que alguna vez pudiera lograr.

Volviendo al texto, notemos lo siguiente:

1) Que la "igualdad espiritual" no borra las distinciones civiles.

Inconscientemente, muchos cristianos caen en el error de pensar que porque trabajan en empresas, o para patrones cristianos, pueden eludir su responsabilidad y rendir menos en sus puestos. Se olvidan de la honra que merece el hermano en Cristo.

El hecho de que tanto el patrón como el empleado sean cristianos, no libra a éste de someterse a la disciplina, realizar con eficiencia su tarea y así recoger su paga. ¿Esperaríamos acaso, un trato preferencial en cualquier otra empresa secular? Los aprovechadores causan mucho dolor y problemas.

2) El trabajador cristiano debe recomendar su cristianismo.

Así como vemos que el esclavo debía ser un buen esclavo, porque si era flojo y descuidado, desobediente o insolente, el mundo criticaría a la iglesia: ¡Eh, miren! ¿Qué me dicen del cristiano? - Así también el trabajador cristiano se recomienda, siendo un trabajador mejor y más eficiente que otros. Su tarea es realizada con un nuevo espíritu - el Espíritu de Cristo.

Falsos maestros - 6:3

A quienes Pablo llama directamente necios - se aplica a la persona que carece de inteligencia, discreción y sentido de la oportunidad. Se aplica a las cosas ejecutadas con ignorancia, imprudencia o presunción - descripción que se ajusta perfectamente a los maestros falsos, según Pablo: *"está envanecido, nada sabe y delira acerca de cuestiones y contiendas de palabras."* (v.4)

El mundo antiguo, por su forma de vida, presentaba a los falsos maestros demasiadas oportunidades que no tardaban en aprovechar. Abundaban los profetas vagabundos.

Además la costumbre era que cualquiera que tuviera un mensaje, podía entregarlo, y eso abría la puerta a enseñanzas falsas que creaban malos entendidos y confusión.

Además, del lado de los paganos abundaban los filósofos vagabundos que buscaban ganancia. Se llamaban sofistas: hombres sabios que hacían negocio vendiendo su filosofía. Se comenta de ellos que "eran los hombres que con sus lenguas suaves y sus mentes torcidas eran hábiles en "hacer que la peor razón pareciera buena.""

Entre los griegos, si un hombre sabía hablar bien, su fortuna estaba hecha. Pablo conocía bien el tipo de maestros falsos que estaban invadiendo la iglesia, y que por otra parte, era inevitable.

Sorprendentemente, estos falsos maestros siguen activos en pleno siglo XX. Su objetivo sigue siendo el mismo: infiltrarse en las iglesias y confundir a los creyentes. ¿Cómo se explica esto?

Recordemos lo que vimos en el capítulo 4:1 donde *"espíritus engañadores"*, se refiere a demonios. Ellos necesitan a personas para poder 'enseñar'. Por eso aunque los maestros falsos del primer siglo se encuentran bien muertos, los demonios a través de los siglos y en las sucesivas generaciones han 'levantado' falsos maestros, los han reclutado para sus filas. Y en el verso 2, del mismo capítulo se nos habla de *"la hipocresía de mentirosos"*, a ellos no les cuesta nada pasar inadvertidos dentro de la iglesia, son lobos disfrazados de ovejas. Además hablan muy bien. (Ver también, Mateo 7:15).

Hipócrita: Adjetivo que se aplica a la persona que finge virtudes o sentimientos que no tiene. Sinónimo: falso.

Reiteramos el v.2, que nos habla de la: *"hipocresía de mentirosos"* - tal la característica del diablo - que *"ha sido mentiroso desde el principio."*

El diablo engañó a Eva con una filosofía tan suave y sutil como la de los sofistas que llamaban a lo malo bueno, y a lo bueno malo.

Hay una sola doctrina, pero es una doctrina con mayúscula que tiene autoridad. Es la doctrina de Cristo.

¿Cómo identificar, entonces, a los falsos maestros cuando llegan a la iglesia? A continuación se resumen sus características, porque además, son señales permanentes en este tipo de maestros.

Características de un falso maestro - 6:4 y 5

1) Está envanecido v.4

Y su presunción no es precisamente porque tenga conocimiento, sino para disimular su ignorancia y torpeza. Lo primero que busca es lucirse. De todas maneras no puede enseñar cosa alguna, ya que como bien dice Pablo: *"nada sabe"*...lo único que quiere es su propia fama.

2) Delira acerca de cuestiones v.4

Sólo le interesa especular sobre temas recónditos y superficiales. Tal como vimos en el significado de la palabra necio, abunda en conceptos y floridos discursos que ni el mismo entiende. También Pablo describe: *"contiendas de palabras"*, es decir, usa la palabra para provocar, huir y cosechar todo tipo de disconformismo.

3) Se dedica a perturbar la paz v.4, 5

Es siempre una persona competitiva. Lo peor de todo es que como son hipócritas, a veces se dedican a hacer un trabajo 'subterráneo' a espaldas del pastor, o de los obreros fieles. En público son ovejas que aparentan tener lana muy blanca. Con los hermanos débiles son lobos sutiles. Son competitivos porque quieren ocupar el primer lugar, por lo tanto no se sujetan a ninguna autoridad. Justifican su deslealtad con frases tales como "el Señor me ha mostrado", "estaba orando a las dos de la mañana cuando de pronto..."

4) Sus frutos le siguen dondequiera que van v.4 y 5

Y si leemos la lista de esos frutos con atención, a uno le comienzan a venir escalofríos.

Toma nota: *"envidias, pleitos, blasfemias, malas sospechas, disputas necias."* ¿Quién puede vivir en un ambiente así? ¡Qué mal que va el mundo - cada vez peor! ¡Con qué horrible espíritu debemos convivir en medio de la sociedad! Pero, un momento... aquí no se refiere a los incrédulos... se refiere al ambiente cristiano de cualquier iglesia. Así es la situación de cualquier congregación en la que los falsos maestros están contaminando los corazones con doctrinas de demonios. Debemos tener cuidado. El espíritu que debe prevalecer en el ambiente de la iglesia lo tenemos descrito con sus frutos en Gálatas 5:22,23.

Los frutos del Espíritu, por cierto, estarán en franca oposición con los frutos de la carne, también descriptos en Gálatas 5:17-21, que concuerda perfectamente con los frutos de la enseñanza hereje - donde notamos a la gente que se pone envidiosa en vez de alegrarse cuando otro progresa, cuando vemos más peleas que en una riña de gallos, palabras que desacreditan, o entristecen al Espíritu Santo por su mala educación, cuando todos sospechan de todos, porque no hay confianza, y también vemos cristianos perder el tiempo en discusiones que son puro juego de palabras, pero no conducen a nada bueno.

Entonces, seamos prudentes; cuando toda la congregación es así, algo está pasando. Los falsos maestros ya están adentro. Hay que desenmascararlos y reprenderlos en el nombre de Jesús.

La alegría de una vida sencilla – 6:6-8

En una sociedad hambrienta de poseer cosas, no es fácil para el cristiano *"estar contento"* con lo que tiene.

La presión consumista es tan grande que penetra también en la familia y la iglesia del cristiano.

Sin embargo Pablo trata de darnos una señal en el camino, para que nos detengamos a pensar cuáles son nuestras prioridades en la vida. ¿Sabemos acaso distinguir entre la necesidad auténtica y la falsa necesidad? ¿Qué es para nosotros lo más importante de la vida?

En resumen: No corras y te afanes hasta el cansancio. ¿Por qué no te detienes - hoy por este día - que al fin y al cabo es todo lo que te queda - y disfrutas lo que eres y lo que tienes?

El peligro de las riquezas y el amor al dinero – 6:9 y 10

La riqueza no es mala en si misma. Eso ya lo sabemos. Pero ese deseo interior de hacerse rico se convierte en una triple trampa descripta así:

1. tentación
2. lazo
3. codicias necias y dañosas

Sabes que la tentación comienza en la persona misma (Santiago 1:14), porque nace en la mente; de otra manera el diablo no podría alimentarla. En este caso lo hace con pensamientos sutiles: "...y bueno, si lo haces esta vez... ¿quién se va a enterar?..." Cuando el deseo de enriquecerse ocupa el corazón, presionando el carácter moral de la persona, el resultado puede ser un verdadero desastre.

Se han dado casos de cristianos intachables que han llegado a robar, o a identificarse con negocios inmorales. Todo ¿por qué? El deseo de enriquecerse es la respuesta.

El cristiano deberá siempre estar atento a las novedades que le ofrecen todo por el menor esfuerzo. Si Dios quiere hacerte rico lo hará sólo de una manera: trabajando - y por eso no será de un día para el otro.

Ante el abanico de oportunidades de enriquecerse con rapidez el diablo está con el lazo en su mano: "codicias necias y dañosas". Los demonios de la codicia están muy activos. Su blanco son los cristianos y su propósito dañar hasta la destrucción del cuerpo de Cristo.

El centro de todo el asunto está en el corazón. Jesús dijo: *"Donde está vuestro tesoro, allí estará también vuestro corazón"* (Mateo 12:34).

Además, Jesús nos da un mandamiento respecto a la codicia, y claramente afirma: *"Mirad, y guardaos de toda avaricia, porque la vida del hombre no consiste en la abundancia de los bienes que posee"* (Mateo 12:15).

En el pasaje que sigue enseña cuál es la verdadera riqueza que permanece y en la que debiera ocuparse el hombre (Mateo 12:16-21). Este pasaje y sus paralelos en el Nuevo Testamento deberían ser objeto de un detenido estudio por todo aquel que se considera ser discípulo.

El resultado de no atender la advertencia es terrible.

Puntualizamos el concepto. Según el diccionario, codicia significa, el deseo exagerado de poseer mucho, particularmente riquezas. Su sinónimo es ambición. Por eso, como te darás cuenta, el codicioso nunca se conforma. Alguien, dijo que así como el mar y el infierno nunca se detienen, así el ojo del codicioso nunca dice: ¡basta!

¿Cuál es entonces el resultado? Que la codicia es una enfermedad y su virus se llama 'amor al dinero'.

Observemos el comienzo y el final en el síndrome de la codicia:

- hunde a los hombres en destrucción y perdición v.9b
- se extraviaron v.10
- traspasados de dolores v.10

Resumamos entonces, las riquezas no son malas en si mismas, nosotros determinamos su valor según la actitud de nuestro corazón.

En medio de la batalla (Bosquejo) 6:11-16

Título: Hombre de Dios (Timoteo)

Introducción: El poder de obedecer un mandamiento ("...te mando.")

Desarrollo:

I- Huye v.11 *"de la codicia."*

II- Sigue v.11 *"la justicia, piedad, fe, amor, paciencia, mansedumbre."*

a) Tarea: buscar el significado de cada palabra en el diccionario.

b) Estos frutos se encuentran en la lista de Gálatas 5:22,23 también.

c) Esta es la verdadera riqueza de un cristiano. Un carácter en continuo tratamiento por el Espíritu Santo.

III- Pelea v.12 *"echa mano de la vida eterna."*

IV- Guarda v.14 *"el mandamiento."*

V- Evita v.20 *"pláticas vanas,"* "...argumentos de la falsa creencia."

Conclusión: Cada una de estas palabras, expresan acciones concretas, que Timoteo debe estar dispuesto a emprender, a riesgo de perder lo que se la ha encomendado.

Nota que todas son acciones que un soldado en medio de la lucha aprende a ejecutar con precisión según se lo exija el enemigo.

Por otra parte, y si queremos agregar buen material a este

estudio, en Efesios capítulo 6, el mismo Pablo nos presenta la armadura completa del soldado.

Aquí se nos enseñan las acciones o tácticas que un soldado debe saber resolver con precisión. Debe saber de qué tipo de enemigos debe huir. Hay ocasiones en la vida cristiana en que esa es la única alternativa válida si es que queremos cuidar nuestra salvación. Tal como le sucedió a José con las provocaciones sensuales de la esposa de su amo. Hay tentaciones que no debemos enfrentar, sencillamente debemos huir.

Debe tener claro y firme los valores que debe seguir. Estos valores son fuertemente espirituales y concuerdan con los frutos del Espíritu Santo (Gálatas 5:22,23). Fluyen naturalmente de una persona llena del Espíritu Santo.

No confundamos un moralismo ateo con los frutos del Espíritu. El primero desplaza a Dios para poner al intelecto del hombre en su lugar. Esto es humanismo y el humanismo es diabólico en su origen. El diablo cayó por querer ocupar el lugar de Dios. El hombre también, cuando queremos sacar a Dios de nuestra vida caemos en un vacío espiritual y moral.

Hay cualidades que tenemos que seguir, porque debemos insistir una y otra vez hasta que las alcancemos.

"Sigue la justicia" (*dikaiosune*) se define como "dar a Dios y los hombres lo que les corresponde."

- La piedad *(eusebeia)* es la reverencia del hombre que a lo largo de su vida tiene en cuenta que debe vivir en la presencia de Dios.

- La fe (*pistis*) aquí significa fidelidad. Se refiere al hombre que a lo largo de su vida, y en cualquier tipo de circunstancias, y aún ante la muerte, es fiel a Dios.

El amor (*agape*) es la virtud del hombre que aunque lo quisiera, no puede olvidarse de lo que Dios ha hecho por él. Está marcado por el amor de Dios.

Paciencia (*hiponone*) es la fe de un cristiano que resiste con firmeza las adversidades de la vida - es la fe que a pesar de todo vence al mundo.

Mansedumbre es una palabra imposible de traducir y describe a la persona que nunca se enoja antes sus propios errores. Sabe perdonar, a la vez que camina con humildad - lo hace con el sano orgullo de su alto llamado de Dios.

Debe saber que enemigos debe evitar v. 20. Según los estudiosos es significativo que en este versículo el nombre Timoteo se usa con toda su connotación. Timoteo: *temón*, honrar y *theos*, Dios. Significa aquel que honra a Dios. Por ello se habla de la confianza que se ha depositado en él.

Así que debía evitar los argumentos de la falsamente llamada ciencia. Estos argumentos eran controversias estériles que no llevaban a nada. Como su nombre lo indica, Timoteo debía honrar a Dios, especialmente redimiendo el tiempo, y ningún cristiano debería descuidar este consejo.

Debería pelear la buena batalla de la fe v.12. Y la mejor manera, es echando mano cada día a la vida eterna. Hay que velar para no perderla.

Debería guardar el mandamiento (v.14) y lo que se te ha encomendado (v.20) Este depósito, se refiere a las verdades eternas que le habían sido confiadas. Pablo le aconseja que no se lo deje arrebatar por los robadores de verdades que están al servicio del mentiroso (2 Timoteo 1:14); le dice que lo guarde tal como es y en su integridad.

El prestigio de las riquezas – 6:17-19

"Lejos de dejarte deslumbrar por el brillo del oro o de dejarte dominar por los poderes del mundo, toma la ofensiva, hazles sentir su responsabilidad; colócalos frente a la verdad, enséñales a la vez la impotencia de las riquezas y el valor de ellas: apoyo falaz para quien pone en ellas su confianza, pero precioso medio de hacer el bien y asegurarse los verdaderos tesoros. (Lucas16:9; 12:33)"

v.17 - Altivos: Lazo difícil de evitar, por cuanto somos siempre dispuesto a juzgar el valor del otro por lo que él tiene, más bien, que por lo que él es. Eclesiastés 9:15, 16.

"Inconscientemente armamos un lazo a los ricos, al inclinarnos antes sus riquezas y al tratarlos de otro modo que si fueran pobres." (Ch. Rochedieu)

El desafió de Timoteo y la grandeza de Dios versículos 11-16

Hay algunas características muy importantes de mencionar aquí.

Timoteo es desafiado y estimulado de una manera particular:

- Se lo llama "*Hombre de Dios*". Este importante título le fue dado a Moisés en Deuteronomio 33:1 y también en Salmo 90, cuyo título es: "Oración de Moisés, varón de Dios." Como también a Elías, varón de Dios (1 Samuel 2:27), Samuel (2

Samuel 9:6) y otros.

- Se desafía a Timoteo por su honor, el honor de un *"varón de Dios."* La misión cristiana no es refregar los pecados a los hombres para hacerles sentir miserables, sino animarles, ordenándoles que desarrollen su potencial.

-Pablo le recuerda su bautismo y los votos que realizó en él.

-Le recuerda que ha realizado la misma confesión de fe que Jesús ante Poncio Pilato.

-Debe recordar que Cristo vendría otra vez. Lo que estoy haciendo, ¿merecerá la aprobación de Jesucristo?

-Sobre todas las cosas mira la grandeza de Dios, versículos 15 y 16.

No es sino un alma completamente rendida a Cristo la que recibe revelaciones del gran amor de Dios.

Constantemente hay que recordar y proclamar que nuestro Padre Dios es aquel que es Rey de reyes y Señor de señores -aquel que posee el don de la vida eterna para ser entregado a los hombres. Aquel ante cuya majestad nadie puede permanecer en pie. Él merece la gloria, la honra y el poder. Él y sólo Él.

Como Esteban, podemos ser llenos del Espíritu Santo, poner nuestros ojos hacia el cielo, y ver la gloria de Dios, y a Jesús que estaba a la diestra de Dios. (Hechos 7:56).

Con esta visión vale la pena tomar el desafío, meternos al fragor de la batalla y estar alertas.

Mientras concluyo el camino que hemos andado juntos en este estudio, oro a Dios con todo mi corazón por tu vida, que mientras leas y medites, tu corazón arda como el de Timoteo, porque sabes quién eres y el llamado que tienes sobre tu vida.

"El que venciere será vestido de vestiduras blancas; y no borraré su nombre del libro de la vida, y confesaré su nombre delante de mi Padre, y delante de sus ángeles." Apocalipsis 3:5

Acerca del autor

Después de estudiar teología durante 3 años como interno en la Escuela Bíblica Evangélica de Villa María, Provincia de Córdoba, Argentina, José Reina se gradúa en el Colegio Nacional de Montserrat, dependiente de la Universidad de Córdoba, como Martillero Público y Judicial.

En 1976 contrae matrimonio con Priscilla Baker (quien también estudió durante 3 años en la misma Escuela Bíblica) y se establecieron en la ciudad de Córdoba, donde fueron activos en la iglesia donde asistían. Mientras que también el Señor los bendijo con cuatro hermosos niños.

En 1986 fueron bautizados en el poder del Espíritu Santo colaborando en la campaña del evangelista Carlos Annacondia. José comienza su labor como pastor de una iglesia e iniciando el Instituto Bíblico Palabra de Fe.

En julio de 2002 parte con su esposa para Estados Unidos, donde permanecen un año, para luego viajar a España y radicarse en Málaga.

La Iglesia Fuente de Vida tiene sus comienzos en junio de 2004. Teniendo un énfasis especial en la enseñanza de la Palabra de Dios, y continuando con el Instituto Bíblico Palabra de Fe, cuyo lema: "Preparando obreros para la cosecha mundial", ilustra el propósito de este ministerio de enseñanza, claramente establecido en el mandamiento del Señor Jesucristo: "Id y haced discípulos a todas las naciones,… enseñándoles que guarden todas las cosas que os he mandado." (S. Mateo 28:19a; 20a).

Recursos para tu edificación

Para finalizar, te dejo una lista de sitios web que puede ayudarte en tu relación con Dios a través de recursos musicales, videos y material de bendición.

Devoción Total
(www.DevocionTotal.com): Red de sitios cristianos dedicada a proveer recursos para la evangelización y la edificación de los creyentes en Cristo Jesús. Encontrarás prédicas, música, mp3s, videos, reflexiones cristianas, devocionales y mucho más.

CD Virtual GRATIS
(www.DevocionTotal.com/cdvirtual/) Un CD completo para descargar que contiene la música de cantantes cristianos independientes en archivos MP3, un librito y otras sorpresas dentro!

Sermones Cristianos.NET
(SermonesCristianos.NET): Descarga gratis sermones en audio mp3, prédicas cristianas y estudios bíblicos. También predicaciones escritas y en video.

Estudios Bíblicos
(www.EstudiosBiblicosCristianos.NET): Materias del Instituto Bíblico Palabra de Fe que ahora puedes leer y consultar en línea.

Mensajes Cristianos
(www.MensajesCristianos.NET): Un devocional de aliento para tu vida tomado de la Biblia. La Palabra de Dios: Un mensaje para cada día del año

Aplicaciones Cristianas
(www.AplicacionesCristianas.com): Diferentes aplicaciones gratis para dispositivos móviles con sistema operativo Android, Apple y Nokia: Devocionales, Libros, Música y Videos.

Estimado Lector

Nos interesan mucho tus comentarios y opiniones sobre esta obra. Por favor ayúdanos comentando sobre este libro. Puedes hacerlo dejando una reseña en la tienda donde lo has adquirido.

Puedes también escribirnos por correo electrónico a la siguiente dirección: info@editorialimagen.com

Si deseas más libros como éste puedes visitar el sitio de **Editorialimagen.com** para ver los nuevos títulos disponibles y aprovechar los descuentos y precios especiales que publicamos cada semana.

Allí mismo puedes contactarnos directamente si tienes dudas, preguntas o cualquier sugerencia. ¡Esperamos saber de ti!

Más libros de interés

Espíritu Santo, ¡Sopla En Mí!
Aprendiendo los secretos para un vida de poder espiritual

Este libro te guiará a conocer al Espíritu Santo como persona. También aprenderás que es posible vivir una vida llena de su presencia. ¡Vivir una vida en lo sobrenatural es posible!

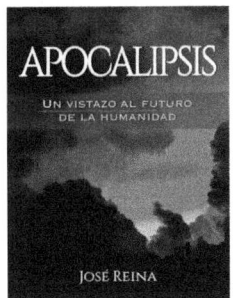

Apocalipsis - Un vistazo al futuro de la humanidad

Este libro fue escrito para entender las revelaciones contenidas en el Libro del Apocalipsis.

Además encontrará estudios adicionales relacionado con los demonios, el Anticristo y lo relacionado con el Tribunal de Cristo, temas tratados en la Palabra de Dios en otros contextos pero que integran el tiempo del estudio apocalíptico, dado que el principal propósito es lograr un estudio en orden cronológico según sucederán los hechos.

La Oración Intercesora - Principios para una vida de oración eficaz

Este libro te ayudará a descubrir el placer de orar. Aún en nuestras vidas tan agitadas podemos aprender a orar y a interceder como a Dios le agrada.

Es mi deseo que este libro te inspire a ser parte de ese ejército de Dios que continuamente clama al cielo "¡Que venga tu reino!" Sin duda Dios hará maravillas con cada vida que le crea a Él y actúe en consecuencia

El Predicador Cristiano - Cómo prepararse personal y espiritualmente antes de entregar el sermón

Nuestra tarea es revisar la motivación de nuestro corazón. ¿Qué es lo que te lleva a predicar? ¿Por qué lo haces? Luego, ¿cuál es el propósito final de la predicación según la Biblia?

En este libro cristiano encontrarás estos tres principales ejes:
* Lo que el predicador es según la Biblia
* Lo que el predicador cristiano no debe descuidar
* Elementos del Sermón

Los Dones Espirituales - Descubre el don que hay en ti para edificación de la Iglesia

Debemos tener una sincera preocupación por descubrir nuestros dones para ponernos a servir al Cuerpo, de lo contrario, lo que hayamos recibido comenzará a marchitarse y pronto se secará definitivamente. Los dones de en una iglesia son la prueba de que el Espíritu Santo está presente y que tiene vida

¿Podemos confiar en la Biblia? - Respuestas a las más inquietantes preguntas sobre la Biblia

En este libro encontrarás respuesta a las siguientes preguntas:

¿Cómo llegamos a tener definitivamente la Biblia tal cual la poseemos hoy? ¿Es posible que tantos autores no se contradigan entre ellos? ¿Cuántas Biblias hay? ¿Es la Biblia inspirada por Dios? ¿Cuál es su mensaje principal? Y mucho más!

Sanidad para el Alma Herida - Como sanar las heridas del corazón y confrontar los traumas para obtener verdadera libertad espiritual

Este es un libro teórico y práctico sobre sanidad interior. Nuestra enseñanza motiva la búsqueda de la sanidad para las mentes y espíritus de las almas sufridas.

Se tratan temas como: Enfermedades del alma, Mecanismos de defensa, Abuso y violación, Maltrato Infantil, Carencias afectivas Maldiciones El perdón, El Arrepentimiento Y muchos más…

Perlas de Sabiduría – Un devocional - 60 días descubriendo verdades en la Palabra de Dios

En este libro devocional para mujeres descubrirás verdades y principios espirituales 'escondidos', así como las perlas, los cuales están esperando ser encontradas por aquellos que realmente quieren saber más.

A través de los 60 días descubrirás a Dios y a Su hijo Jesucristo como nunca antes, y conocerás más sobre Su gloria, la alabanza, y el cielo, entre otros temas.

Alabanza y Adoración - Cómo adorar a Dios según la Biblia

En este libro descubrirás las bases bíblicas de la alabanza y la adoración para poder adorar a Dios como Él está buscando que lo hagan.

Podrás encontrar los siguientes temas y muchos más:
* Significados de alabanza y adoración
* Cómo manifestar la alabanza y la adoración
* Por qué adorar al Señor
* Cómo convertirme en un adorador
* El efecto que tiene la adoración en el interior del creyente

Conociendo más a la persona del Espíritu Santo

Este libro sobre la Persona del Espíritu Santo es el relato de un viaje personal. Después de muchos años de ser creyentes el Señor puso una inquietud en mi vida y la de mi esposo - la inquietud por buscar la llenura del Espíritu Santo. Fue un 'viaje' donde aprendimos mucho y en estas páginas comparto esa aventura espiritual.

Cosecha Española - El avance de las buenas nuevas en España

"Cosecha Española" es el relato verídico de una intrépida mujer inglesa y su esposo, un español dotado con dones extraordinarios y la evangelización de la región de Galicia, España, a fines del siglo 19 y comienzos del siglo 20. Fueron aquellos tiempos difíciles y peligrosos para los primeros misioneros pero también desafiantes, pues ellos, sin tener los medios de los que nosotros disponemos hoy, predicaron el evangelio con una sola meta: la salvación de las almas.

Gracia para Vivir - Descubre cómo vivir la vida cristiana y ser parte de los planes de Dios

Martin Field, teólogo del Moore Theological College en Sidney, Australia, nos comparte en este libro sobre la gracia que proviene de Dios. La misma gracia que trae salvación también nos enseña cómo vivir mientras esperamos la venida de Jesús.

Dios está en Control - Descubre cómo librarte de tus temores y disfrutar la paz de Dios

En este libro, el pastor Jorge Lozano, quien nació en México y vive en Argentina desde hace más de 20 años, nos enseña cómo librarnos de los temores para que podamos experimentar la paz de Dios.

El Ayuno, una cita con Dios
El poder espiritual y los grandes beneficios del ayuno

Descubre lo que dice la Biblia sobre el ayuno y todos los beneficios que trae realizar un ayuno escogido por Dios. Si estás buscando una unción especial para tu ministerio, tal vez el ayuno es la respuesta que necesitas.

Aunque el enfoque de este libro es el gran poder espiritual que se obtiene por ayunar también se describen los beneficios físicos, las diferentes maneras de ayunar, la motivación, cómo romper un ayuno y otra información práctica.

www.ingramcontent.com/pod-product-compliance
Ingram Content Group UK Ltd.
Pitfield, Milton Keynes, MK11 3LW, UK
UKHW022225230426
12048UKWH00016BA/1061